Itinerario personal para la empleabilidad grado básico

Carmen María Juan Rodríguez

Marcombo

Itinerario personal para la empleabilidad, grado básico

Primera edición, 2026

© 2026 Carmen María Juan Rodríguez

© 2026 MARCOMBO, S. L. www.marcombo.com

Gran Via de les Corts Catalanes 594, 08007 Barcelona

Contacto: info@marcombo.com

Diseño de la cubierta: cuantofalta.es

Maquetación: D. Márquez

Corrección: Mónica Muñoz

Directora de producción: M.ª Rosa Castillo

ISBN: 978-84-267-4130-1

D. L.: B 6899-2026

Impreso en Andalusí

Printed in Spain

Libro ecológico

Impreso con papel procedente de bosques gestionados de manera eficiente, libre de cloro.

Presentación

Con la entrada en vigor de la nueva Ley de Formación Profesional, Ley Orgánica 372022 del 31 de marzo, de Ordenación e Integración de la Formación Profesional, se ofrece al alumnado una educación más flexible, práctica y orientada al empleo, que se adapta a las demandas del mercado laboral y donde se ofrecen oportunidades de desarrollo personal y profesional en diversos sectores y ámbitos laborales.

Por ello, con este libro, donde se desarrolla el módulo itinerario personal para la empleabilidad, conforme al Real Decreto 659/2023 del 18 de julio, por el que se desarrolla la ordenación del Sistema de Formación Profesional, lo que se pretende es que el alumnado pueda mejorar su empleabilidad mediante la realización de un plan de desarrollo individual, con la adquisición de competencias profesionales y personales, enfocado hacia la gestión de la carrera profesional adquiriendo habilidades transversales, competencia emprendedora y formación en prevención de riesgos laborales.

Este libro está dirigido a los estudiantes del módulo profesional de itinerario personal para la empleabilidad en los ciclos formativos de grado básico, puesto que se trata de un módulo transversal, y tiene por finalidad dotar al alumnado de las habilidades para que pueda gestionar de manera efectiva su carrera profesional, adaptarse a un mercado laboral en constante cambio y alcanzar sus metas profesionales y personales.

Por este motivo, podemos distinguir siete unidades didácticas, donde se recopilan los resultados de aprendizaje. Se debe tener en cuenta el desarrollo curricular de cada comunidad autónoma en relación con la correlación de los distintos resultados de aprendizaje.

La unidad 1, «Conceptos básicos sobre prevención y salud en el trabajo»; la unidad 2, «Los factores de riesgo laboral», y la unidad 3, «Medidas de prevención y protección y técnicas básicas en primeros auxilios», se corresponden con que el alumnado logre las competencias necesarias para el ejercicio de las funciones de nivel básico en prevención de riesgos laborales.

La unidad 4, «El autoconocimiento y la identidad personal», está destinada a que el alumnado desarrolle actividades de autoconocimiento, que le permiten orientarse a campos profesionales motivadores, en los que pueda desplegar todas sus capacidades.

Con la unidad 5, «Habilidades sociales fundamentales en el proceso de búsqueda de empleo», se pretende que el alumnado desarrolle estas habilidades concretas, ya que son fundamentales a la hora de encontrar un empleo y mantenerlo.

A partir de la unidad 6, «Itinerarios académicos y profesionales», el alumnado accederá a la información de los posibles itinerarios académicos y/o profesionales que tiene a su alcance, y podrá poner en marcha un itinerario propio, analizando las diferentes opciones educativas y profesionales, así como las ventajas e inconvenientes de cada una de ellas, y examinando las que mejor se ajusten a sus posibilidades y preferencias.

En la unidad 7, por su parte, «Estrategias de acceso al mercado de trabajo por cuenta ajena», el alumnado conocerá las estrategias para dicho acceso y utilizará las herramientas necesarias para el proceso de inserción laboral.

Índice

RESULTADOS DE APRENDIZAJE

Escanee el código QR para ver los resultados de aprendizaje que se corresponden con los contenidos de este libro en su comunidad autónoma.

U 1

Conceptos básicos sobre seguridad y salud en el trabajo

En esta unidad va a estudiar:

- El trabajo y la salud
- Las condiciones de trabajo y su impacto
- Los daños a la salud

Con su estudio, va a ser capaz de:

- Valorar la importancia de la prevención de riesgos en todos los ámbitos y actividades de la empresa
- Analizar las condiciones de trabajo y su impacto en la salud
- Identificar los principales daños a la salud relacionados con su sector profesional

1.1 El trabajo y la salud

El «trabajo» es toda actividad que realiza una persona a cambio de una compensación (como un salario) y que requiere esfuerzo físico o mental. Puede realizarse en diferentes entornos: talleres, oficinas, fábricas, etc.

Por lo tanto, el trabajo incide en la salud de quien lo desarrolla. En especial, hay que tener en cuenta sus condiciones laborales. Puede incidir positivamente, ya que proporciona recursos económicos, pero también incide de forma negativa, ya que el trabajador o trabajadora está expuesto a riesgos que pueden provocar daños en la salud.

PARA SABER MÁS

La Organización Mundial de la Salud define la «salud» como «el estado completo de bienestar físico, mental y social y no solamente la ausencia de afecciones o enfermedades».

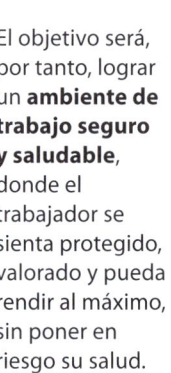

El objetivo será, por tanto, lograr un **ambiente de trabajo seguro y saludable**, donde el trabajador se sienta protegido, valorado y pueda rendir al máximo, sin poner en riesgo su salud.

EJEMPLO 1

Juan es alumno en prácticas en un taller mecánico. Desde hace dos semanas, ayuda a cambiar neumáticos, revisar frenos y hacer alineaciones. Al principio, todo iba bien, pero últimamente termina su turno con dolor de espalda y mucho cansancio; ello se debe a que levanta ruedas pesadas sin ayuda y, a veces, no hace descansos si hay mucho trabajo.

Solución:

La situación de Juan es el reflejo de «el trabajo incide negativamente en la salud». Por ello, habrá que identificar el riesgo al que está expuesto, cuál es el daño que le provoca en su seguridad y salud y, por último, establecer las medidas de prevención y/o protección necesarias. De este modo, se consigue el objetivo de un trabajo seguro y saludable.

PARA RECORDAR

Es primordial educar para adoptar todas aquellas conductas, actitudes responsables y de conciencia para la protección de nuestro entorno y nuestra vida.

PARA SABER MÁS

Toda la normativa nacional, europea e internacional la puede consultar en la página del Instituto Nacional de Seguridad e Higiene en el Trabajo.

Además, lo ayudará la figura 1.1 sobre el marco normativo en prevención de riesgos laborales.

Figura 1.1 Marco normativo en prevención de riesgos laborales.

1.1.1 Conceptos básicos

Como hemos visto, el desarrollo del trabajo supone la exposición a algún riesgo que puede llegar a materializarse en algún daño para nuestra salud y seguridad. Es, por ello, que, en la Ley de Prevención de Riesgos Laborales 31/95 del 8 de noviembre, en su artículo 4, se establece una serie de conceptos básicos.

1.1.2 Las condiciones de trabajo

Cuando las condiciones de trabajo no son las adecuadas, se pueden generar riesgos para la salud del trabajador. Y, dentro de estas, quedan específicamente incluidas las siguientes:

1. Las características generales de los locales, instalaciones, equipos, productos y demás útiles existentes en el lugar de trabajo. Sería el caso de los espacios, escaleras, instalaciones, máquinas, herramientas, etc.

2. La naturaleza de los agentes físicos, químicos y biológicos presentes en el ambiente de trabajo y sus correspondientes intensidades, concentraciones o niveles de presencia, como el ruido, las vibraciones, la iluminación, las radiaciones, la temperatura, la ventilación, etc. Se trataría de que, en el ambiente de trabajo, estuvieran presentes.

3. Los procedimientos para la utilización de los agentes citados en el punto anterior que influyan en la generación de riesgos. Aquí podría darse el caso de la manipulación de material biológico (muestras de sangre o animales) sin guantes, ya que constituye un equipo de protección.

4. Todas aquellas características del trabajo, incluidas las relativas a su organización y ordenación, que influyan en la magnitud de los riesgos a los que esté expuesto el trabajador o trabajadora. Podríamos encontrarnos con que el ritmo de trabajo fuera elevado e inadecuado, según las características personales del trabajador.

——— EJEMPLO 2 ———

Una enfermera trabaja en un hospital. Por su larga experiencia, realiza su jornada laboral sin guantes.

Solución:

Esta trabajadora está realizando su trabajo en condiciones inadecuadas, ya sea porque el centro de trabajo no le ha facilitado un equipo de protección, que son los guantes, o porque no los utiliza por imprudencia. En este caso, está en riesgo su seguridad y salud en el trabajo.

——— EJERCICIO 1 ———

En los siguientes supuestos, las condiciones de trabajo son inadecuadas. Diga de qué situación se trata:

a) Un taller sin la suficiente iluminación

b) Una herramienta defectuosa

c) Un exceso de contaminantes en el ambiente, por vapores y humos en una fábrica

d) Un trabajador de una cadena de montaje que, en su jornada laboral, no tiene descansos

1.1.3 Los derechos y deberes del trabajador y del empresario

Los trabajadores tienen derecho a la protección de su salud y seguridad, como hemos comentado. Este derecho es, a su vez, un deber para el empresario. En la figura

1.2, se establecen los derechos y deberes para el trabajador; en la figura 1.3, las obligaciones del empresario derivadas de la protección eficaz de sus trabajadores.

Figura 1.2 Tabla resumen de derechos y deberes del trabajador.

Derechos	Deberes
Derecho a la protección de su salud y seguridad	Cumplir las medidas de prevención y usar adecuadamente los medios para desarrollar su actividad
Ser informado y formado respecto a todos los riesgos y sus consecuencias en el trabajo	No poder poner fuera de funcionamiento los dispositivos de seguridad
Consulta y participación dentro de la empresa, junto a sus representantes, en materia preventiva	Informar de cualquier situación de riesgo
Paralización de la actividad en caso de riesgo grave e inminente, es decir, poder abandonar su puesto de trabajo sin ser sancionado	Cooperar, junto con el empresario, para garantizar unas condiciones de trabajo que sean seguras
Vigilancia de su estado de salud, que dependerá de los factores de riesgo y agentes a los que esté expuesto, así como a la obligatoriedad de los reconocimientos médicos	
Le deben facilitar los medios de protección individual, así como garantizarle las medidas preventivas dentro de la empresa y, por supuesto, su gratuidad	

EJEMPLO 3

En una empresa de productos químicos, ha habido un conato de incendio. Los trabajadores presentes avisan a sus compañeros y abandonan el puesto de trabajo.

Solución:

Es el único caso en el que el trabajador puede abandonar su puesto de trabajo sin ser despedido cuando exista un grave riesgo e inminente para su seguridad y salud. Pensemos que, en una empresa de estas características, un conato de incendio podría provocar una explosión y se verían implicados muchos trabajadores.

EJERCICIO 2

A un trabajador en una empresa química no le han hecho reconocimientos médicos. Se pregunta si tiene derecho a ellos. ¿Qué le diría?

Figura 1.3 Tabla resumen de deberes del empresario.

DEBER PRIMORDIAL	Protección eficaz de la seguridad y salud de los trabajadores
DEBERES GENERALES	Garantizar la seguridad y salud de sus empleados
	Integrar la prevención en la actividad de la empresa
	Establecer y adoptar todas las medidas que sean necesarias para dicha protección eficaz, asumiendo el coste que supongan
	Cumplir toda la normativa en materia de prevención de riesgos laborales
DEBERES ESPECÍFICOS	Tener un plan de prevención en la empresa
	Suministrar los equipos de trabajo adecuados, así como los equipos de protección individual
	Llevar a cabo la información, consulta y participación con los miembros de la empresa
	Facilitar y promocionar la formación de sus empleados
	Establecer todas las medidas de emergencia
	Control y supervisión de la vigilancia de la salud de todos quienes conforman la empresa
	Tener la documentación al día
	Coordinarse con todos los representantes
	Llevar a cabo una protección de los colectivos especialmente sensibles en la empresa, tales como las trabajadoras embarazadas, los menores de edad, los trabajadores temporales, etc.

EJEMPLO 4

En un taller mecánico, han contratado a un trabajador y la empresa no le ha facilitado los equipos de protección individual.

Solución:

Es un derecho del trabajador que la empresa le suministre los equipos de protección, ya que es una obligación específica del empresario. El uso adecuado de estos es un deber del trabajador.

PARA SABER MÁS

El incumplimiento de las obligaciones por parte del trabajador o del empresario puede dar lugar a una serie de responsabilidades: en el caso del trabajador, desde una amonestación hasta un despido; en el caso del empresario, desde multas o indemnizaciones, hasta incluso privación de libertad por cometer algún delito.

1.2 Daños a la salud

Hemos visto que, cuando trabajamos, estamos expuestos a determinados riesgos derivados de la actividad que realizamos. Dichos riesgos se pueden materializar en consecuencias o daños para nuestra salud. Por este motivo, podemos hablar de:

- Patología específica, cuando se da una relación de causa-efecto entre el trabajo y el daño.

- Patología inespecífica, cuando influyen otros factores no laborales.

- Otras patologías nuevas que han surgido en el trabajo.

1.2.1 Accidente de trabajo

Se establece que es «accidente de trabajo» toda lesión corporal que el trabajador sufra con ocasión o por consecuencia del trabajo que ejecute por cuenta ajena.

Figura 1.5 Requisitos para hablar de «accidente de trabajo».

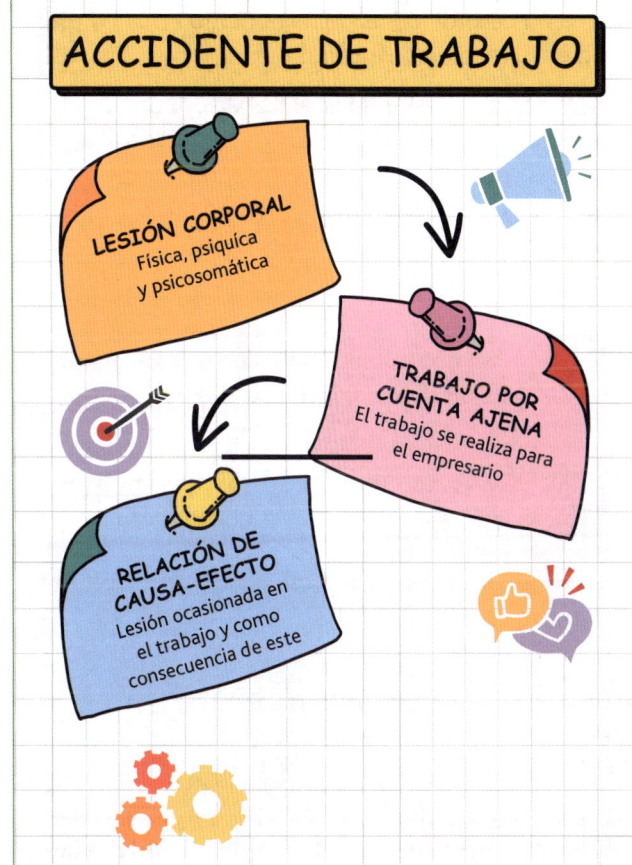

Figura 1.4 Tipos de daños

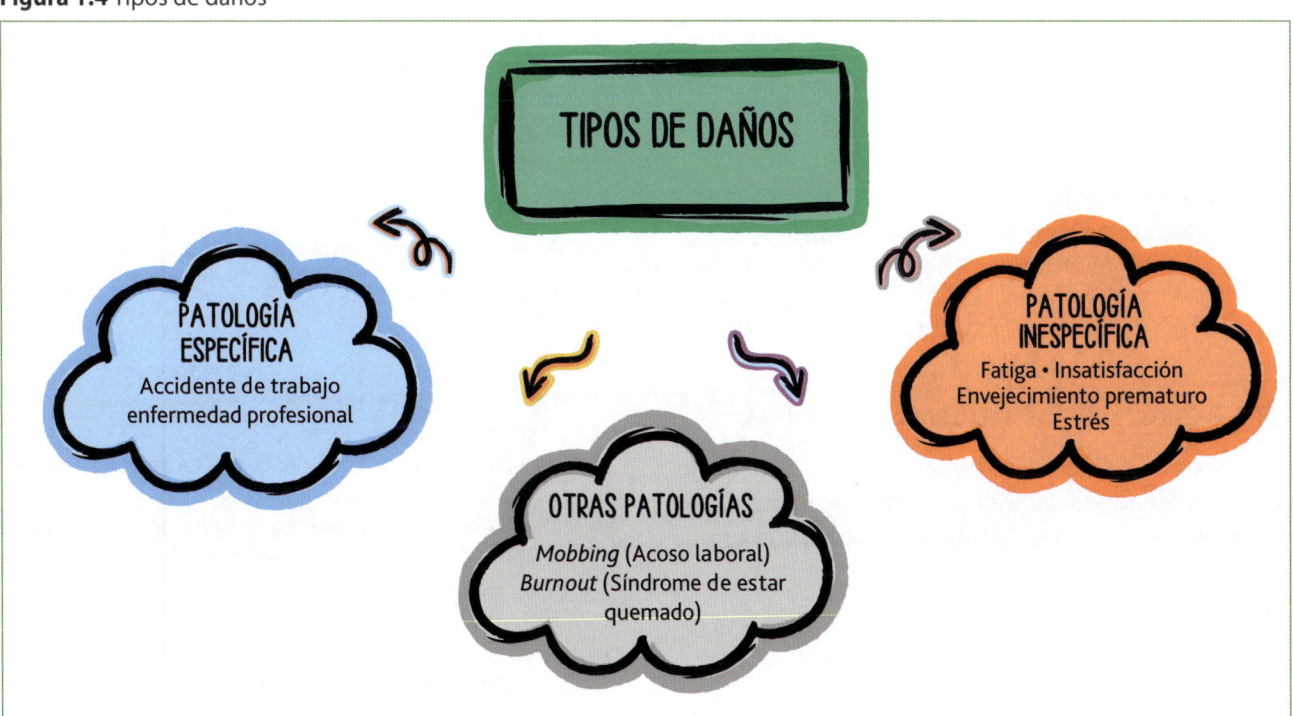

1.2.1.1 Tipos de accidentes de trabajo

Además del accidente de trabajo producido en la jornada laboral, también se admiten otros supuestos, como cuando el trabajador, al ir o al volver del trabajo, sufre un accidente: es el llamado **accidente *in itinere.*** También puede suceder cuando el trabajador hace tareas distintas a las suyas, siguiendo las instrucciones del empresario, o en caso de actos de salvamento en la empresa, como en el caso de un incendio.

No será accidente cuando es el trabajador quien provoca el accidente actuando de forma temeraria. Además, en este caso, tendría consecuencias penales e incluso perjuicios no solo para la víctima, sino también para la propia empresa.

--- EJEMPLO 5 ---

Un trabajador sufrió un accidente al salir del metro cuando iba al trabajo, rompiéndose una pierna.

Solución:

Se trataría de un accidente in itinere, puesto que se produce al ir al trabajo. Además, no hace ninguna tarea que no esté vinculada con su trabajo y usa el transporte adecuado y sigue su itinerario habitual.

--- EJERCICIO 4 ---

Samuel no está a gusto en la empresa y, tras una discusión, anula el dispositivo de seguridad de la máquina en la que trabaja; como consecuencia, sufre un accidente, por el cual se le amputan varios dedos de la mano derecha. Determine si la situación es un accidente de trabajo y sus consecuencias derivadas.

--- PARA RECORDAR ---

Que, para que haya accidente de trabajo, tiene que haber una lesión corporal en el desempeño de una actividad por cuenta ajena y que exista una relación de causa-efecto entre el trabajo y la lesión sufrida.

1.2.1.2 Causas de los accidentes de trabajo

Para saber cuál es la causa de un accidente de trabajo, debemos atender al factor que lo desencadena. Dicho factor puede ser técnico, humano o mixto; son lo que denominamos «causas del accidente».

Figura 1.6 Causas de los accidentes.

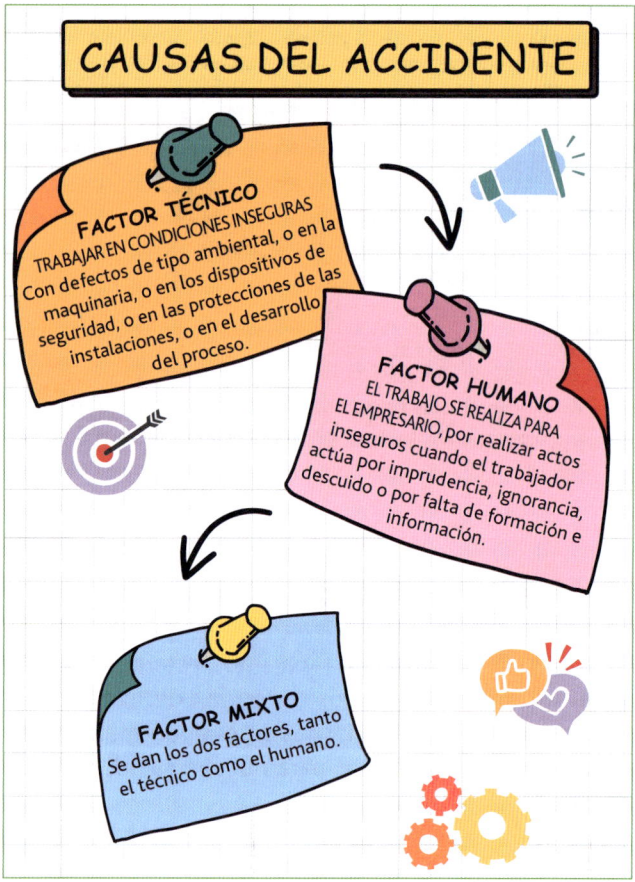

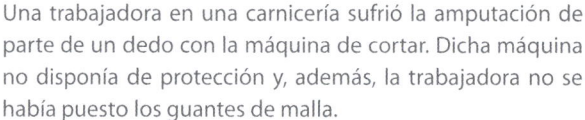

--- EJEMPLO 6 ---

Una trabajadora en una carnicería sufrió la amputación de parte de un dedo con la máquina de cortar. Dicha máquina no disponía de protección y, además, la trabajadora no se había puesto los guantes de malla.

Solución:

Se trataría de un accidente de trabajo cuya causa es mixta, debido a que se trabaja en condiciones inseguras, puesto que la máquina no tenía protección y, a la vez, es un acto humano inseguro, porque la trabajadora no utiliza los guantes por imprudencia o por descuido.

--- EJERCICIO 5 ---

Diga cuáles son las causas de los siguientes accidentes y explique el motivo:

a) La falta de experiencia de una trabajadora contratada en un hospital.
b) La sierra circular sin protección.
c) Las instalaciones con humedades y goteras en un almacén de productos farmacéuticos.
d) El trabajador que actúa por imprudencia en una cadena de montaje.
e) La falta de equipos de protección individual para algunos de los trabajadores de la construcción.
f) Un exceso de confianza en un trabajador que trabaja en altura, sin ponerse el arnés de seguridad.

1.2.2 Enfermedades profesionales

Otra de las consecuencias o de los daños que podemos sufrir al llevar a cabo un trabajo es desarrollar una enfermedad profesional. Esta se refiere al daño o alteración en la salud, causado por todas aquellas condiciones físicas, químicas o biológicas presentes en el trabajo, pero, además, se deben dar una serie de requisitos.

Figura 1.7 Requisitos de las enfermedades profesionales.

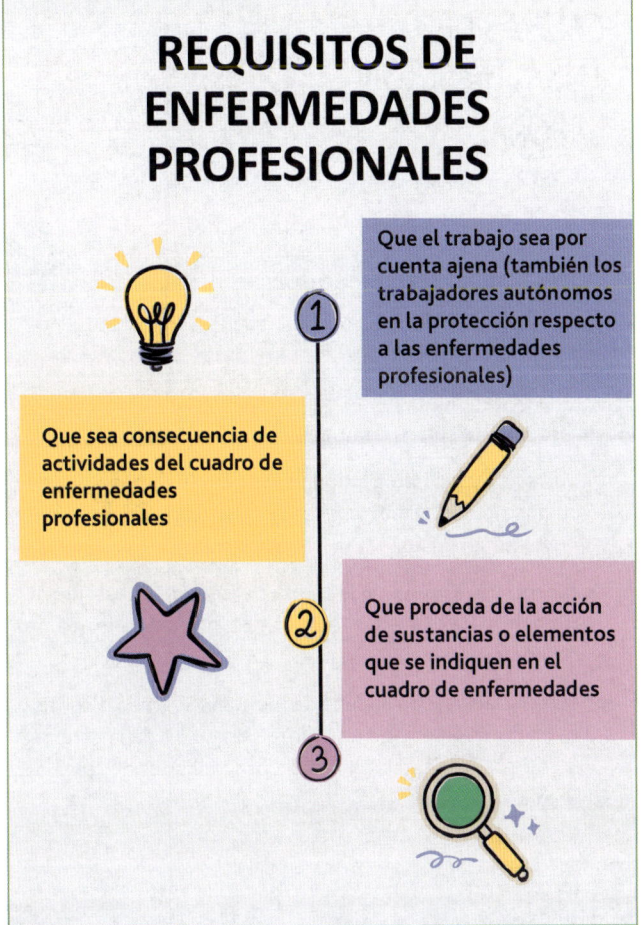

---- **PARA SABER MÁS** ----

En cuanto a los tipos de enfermedades profesionales, puede consultar el RD 1299/2006, donde se establece una clasificación. Puede ayudar la figura 1.9, que aparece a continuación.

Figura 1.8 Clasificación de enfermedades profesionales (Real Decreto 1299/2006).

Grupo de enfermedades profesionales	Ejemplos
1. Causadas por agentes químicos	Fosforismo, una enfermedad profesional causada por el fósforo
2. Causadas por agentes físicos	Hipoacusia o sordera profesional, provocada por el ruido
3. Causadas por agentes biológicos	Tétanos, sida, hepatitis, etc.
4. Causadas por inhalación de sustancias y agentes no comprendidas en otros apartados	Asbestosis, provocada por la inhalación del amianto
5. De la piel, causadas por sustancias y agentes no comprendidos en alguno de los otros apartados	Dermatitis profesional
6. Causadas por agentes carcinogénicos	Enfermedad sistémica o general, como es el cáncer de pulmón

---- **EJEMPLO 7** ----

Un trabajador de la construcción sufre una enfermedad llamada «asbestosis», provocada por la inhalación de amianto.

Solución:

Se trataría de una enfermedad profesional, puesto que es un trabajador por cuenta ajena. Su actividad y el agente causante están en el cuadro de enfermedades profesionales.

---- **EJERCICIO 6** ----

De cada uno de los siguientes supuestos, determine si se trata de accidente de trabajo o enfermedad profesional:

a) Una hernia provocada por levantar enfermos en una residencia, sin usar la grúa o ayuda mecánica.

b) El tétanos provocado a un albañil que usaba guantes mientras manipulaba hierro oxidado.

c) Las quemaduras sufridas por un trabajador por un incendio fortuito en una gasolinera.

d) Un cocinero que se corta en la mano por usar un cuchillo sin llevar guantes de protección.

---- **PARA RECORDAR** ----

Habrá enfermedad profesional cuando se realice un trabajo por cuenta ajena, y cuando la enfermedad y la actividad realizada se encuentren dentro del cuadro de enfermedades profesionales y haya una relación de causa-efecto.

1.2.3 Fatiga

Es una disminución de la capacidad física y mental de un trabajador, ya que el trabajo produce un cierto cansancio muscular y de la mente. Por ello, el cuerpo humano está preparado para esos esfuerzos musculares y mentales, que le provocan un cansancio normal del que podrá recuperarse en poco tiempo.

El problema aparece cuando el trabajo obliga a realizar esfuerzos superiores a los mencionados; entonces, cuando el esfuerzo es superior al normal, afecta a la salud de quien lo realiza y se acumula, porque no tiene tiempo para recuperarse. La única forma de prevenir la fatiga será haciendo pausas o descansos en el trabajo, ya que una buena organización nos ayudará a prevenirla.

Figura 1.9 Causas de insatisfacción laboral.

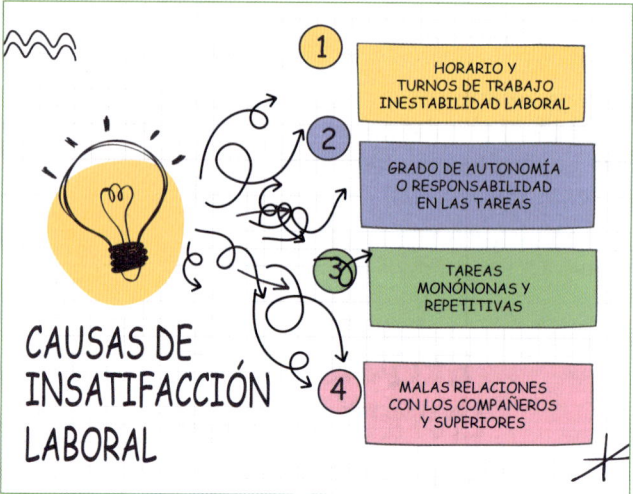

EJEMPLO 8

Una persona trabaja de reponedor en un supermercado y se dedica a colocar los productos en cada línea de venta.

Solución:

Esta persona padece fatiga física, puesto que tiene cansancio muscular, debido a la posición en la tarea y la manipulación de cargas.

EJERCICIO 7

Un informático que trabaja frente al ordenador en su jornada ordinaria de ocho horas al día padece dolores de cabeza intensos. ¿Qué patología padece? ¿Qué le aconsejaría?

EJERCICIO 8

En los siguientes supuestos, diga cuáles son las causas de insatisfacción laboral:

a) Una dependienta de un gran almacén, que discute constantemente con su compañera.

b) Luisa es técnica de gestión administrativa y cada día, en su trabajo, le dan mayor responsabilidad, con lo que no se encuentra a gusto.

c) Ramón trabaja en una empresa del sector del automóvil, pero no sabe si le van a renovar su contrato y se acaba de comprar su primera vivienda.

d) Luis trabaja en una cadena de montaje. Su trabajo consiste en comprobar que una pieza salga bien de la cadena. Su tarea es repetitiva y no tiene posibilidades de cambiar de puesto de trabajo.

1.2.4 Insatisfacción laboral

Podemos definirla como el grado de malestar que sufre la persona como consecuencia de su trabajo. Realmente, no es una enfermedad, pero puede afectar al bienestar y a la salud psíquica. Es un rechazo al trabajo cotidiano, ya que no le gusta su trabajo y, por lo tanto, no le proporciona casi ninguna satisfacción. Se produce cuando las compensaciones que recibe el trabajador no superan el esfuerzo que realiza para la empresa. Esto tiene incidencia sobre el rendimiento en el trabajo. Por ello, se dan casos de personas que, estando sanas, tienen síntomas de enfermedad, tan solo con la idea de acudir a trabajar.

Entre las causas que pueden influir en la insatisfacción laboral, encontramos las expuestas en la figura 1.9.

1.2.5 Estrés

En el trabajo, puede ocurrir que tengamos un exceso de demandas y que no estemos capacitados para asumirlas. Esta situación conlleva estrés, puesto que la persona no puede hacer frente a estas situaciones. Todo ello provoca impotencia, ansiedad e incluso depresión.

Las causas pueden ser muy diferentes: desde la exposición, por ejemplo, en el puesto de trabajo a determinados agentes (como el ruido), que puede provocar absentismo laboral, como a estar expuesto a una sobrecarga de trabajo, que puede provocar disminución del rendimiento. O bien puede haber causas de tipo emocional, como ansiedad o miedos, que pueden provocar conflictos y quejas con el resto de la plantilla.

Un ejemplo claro es el «tecnoestrés», referido al causado por el uso excesivo de la tecnología, especialmente en el contexto laboral.

Figura 1.10 Características y estrategias para prevenir el tecnoestrés.

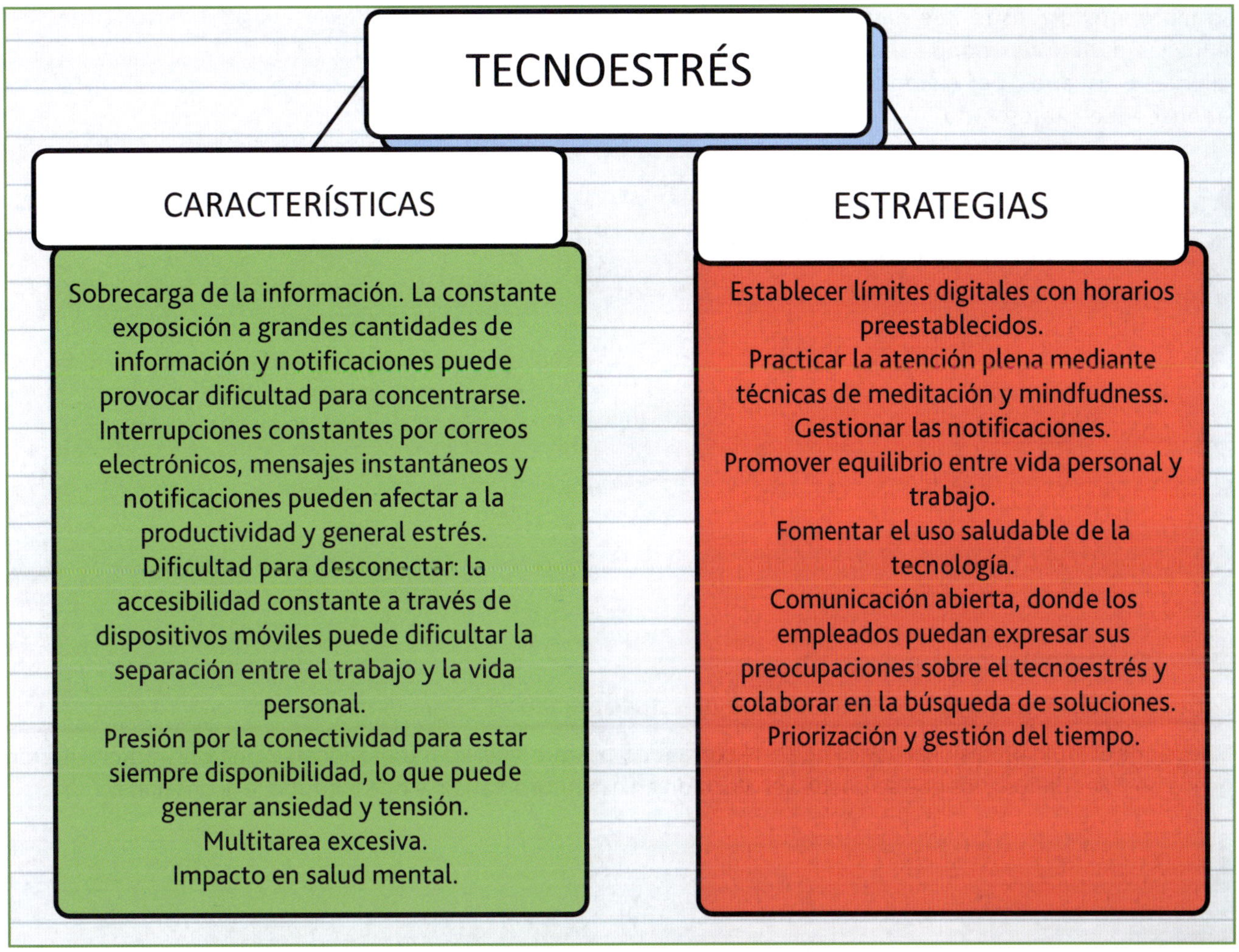

TECNOESTRÉS

CARACTERÍSTICAS

Sobrecarga de la información. La constante exposición a grandes cantidades de información y notificaciones puede provocar dificultad para concentrarse. Interrupciones constantes por correos electrónicos, mensajes instantáneos y notificaciones pueden afectar a la productividad y general estrés. Dificultad para desconectar: la accesibilidad constante a través de dispositivos móviles puede dificultar la separación entre el trabajo y la vida personal. Presión por la conectividad para estar siempre disponibilidad, lo que puede generar ansiedad y tensión. Multitarea excesiva. Impacto en salud mental.

ESTRATEGIAS

Establecer límites digitales con horarios preestablecidos. Practicar la atención plena mediante técnicas de meditación y mindfudness. Gestionar las notificaciones. Promover equilibrio entre vida personal y trabajo. Fomentar el uso saludable de la tecnología. Comunicación abierta, donde los empleados puedan expresar sus preocupaciones sobre el tecnoestrés y colaborar en la búsqueda de soluciones. Priorización y gestión del tiempo.

EJERCICIO 9

Clara trabaja de técnico de gestión administrativa en una empresa. En su trabajo, está siempre disponible; además, cuando llega a casa, es incapaz de no contestar a los correos de su jefe. Desde hace una semana, ha empezado a sentirse agobiada y está siempre en tensión. ¿Qué le aconsejaría?

PARA RECORDAR

Hay patologías inespecíficas del trabajo cuando no se da la relación de causa-efecto entre el trabajo y la lesión, puesto que inciden otras causas externas al trabajo.

1.2.6 Envejecimiento prematuro

El «envejecimiento» es un proceso natural, que nos afecta a todos. El problema es que puede acelerarse, como consecuencia del trabajo. Para prevenirlo, se debería adecuar la carga de trabajo a la capacidad de desarrollarla, o bien favorecer el cambio de ocupación, o llevar a cabo reconocimientos médicos para controlar la salud. Hay determinadas profesiones que llevan aparejado el envejecimiento prematuro, como trabajar en la minería o la agricultura. En estos casos, la solución sería tomar medidas de política social, como las jubilaciones anticipadas.

1.2.7 *Mobbing*

Cuando estamos ante situaciones que se prolongan en el tiempo durante más de seis meses, en las que una persona o un grupo de personas ejercen presión psicológica, al menos una vez por semana contra otra de forma sistemática en el lugar de trabajo, estamos expuestos a acoso laboral o *mobbing*: maltrato verbal o psicológico, por ejemplo, no dando trabajo o marginando al trabajador.

1.2.8 *Burnout*

Llamamos *burnout* al «síndrome de estar quemado», que consiste en que la persona sufre un desgaste emocional, lo que provoca una despersonalización y una menor realización personal en el trabajo. Se produce una disminución de la autoestima personal, una gran frustración de las expectativas que se tenían y, por lo tanto, provoca estrés. Se dará, principalmente, en aquellas profesiones donde se está en contacto con clientes o usuarios; por ejemplo, en el ejercicio de la abogacía o el profesorado.

EJERCICIO 10

Señale qué tipo de patología se trata y su causa:

a) La sordera provocada a un trabajador expuesto al ruido en su jornada laboral.

b) La fatiga, ocasionada a un técnico de electromecánica de vehículos, que trabaja en una cadena de montaje.

c) Una trabajadora titulada, que acepta un trabajo de menor categoría profesional.

d) El síndrome de burnout que sufre un profesor de educación secundaria obligatoria.

e) El acoso que sufre un trabajador por varios compañeros, por haber tenido un ascenso en el trabajo.

Reto profesional

Entre en la página web https://www.todofp.es/que-estudiar/grados-d/fp-grado-basico.html

Seleccione el título profesional básico que esté cursando y busque las salidas profesionales. Una vez hecho, determine los posibles daños a los que se puede ver afectado en ese futuro trabajo y qué medidas le aconsejaría.

Mapa conceptual

TRABAJO Y SALUD

El «trabajo» es toda actividad que realiza una persona a cambio de una compensación (como un salario), y que requiere esfuerzo físico o mental. Incide positiva o negativamente en la salud

CONCEPTOS BÁSICOS

En la Ley de Prevención de Riesgos Laborales 31/95, del 8 de noviembre, en su artículo 4, se establece una serie de conceptos básicos: PREVENCIÓN, RIESGO LABORAL, DAÑOS, CONDICIONES Y EQUIPO DE TRABAJO

CONDICIONES DE TRABAJO

Las características generales de los locales, instalaciones, equipos, productos y demás útiles existentes en el lugar de trabajo. Naturaleza de los agentes físicos, químicos y biológicos. Los procedimientos para la utilización de los agentes. Todas aquellas características del trabajo, incluidas las relativas a su organización y ordenación

UD. 1 CONCEPTOS BÁSICOS SOBRE PREVENCIÓN Y SALUD EN EL TRABAJO

ENVEJECIMIENTO PREMATURO

Proceso natural que nos afecta a todos. El problema es que puede acelerarse como consecuencia del trabajo

MOBBING

Situaciones durante más de seis meses, en las que una persona o un grupo de personas ejercen presión psicológica al menos una vez por semana contra otra de forma sistemática en el lugar de trabajo

ESTRÉS

Exceso de demandas y que no estamos capacitados para asumirlas

BURNOUT

«Síndrome de estar quemado», que consiste en que la persona sufre un desgaste emocional, provocando una despersonalización y una menor realización personal en el trabajo

DERECHOS Y DEBERES DEL TRABAJADOR Y DEL EMPRESARIO

Los trabajadores tienen derecho a la protección de su salud y seguridad, como hemos comentado. Este derecho es, a su vez, un deber para el empresario

ACCIDENTE DE TRABAJO

Toda lesión corporal que el trabajador sufra con ocasión o por consecuencia del trabajo que ejecute por cuenta ajena

ENFERMEDAD PROFESIONAL

Alteración en la salud causado por todas aquellas condiciones físicas, químicas o biológicas presentes en el trabajo, pero, además, se deben dar una serie de requisitos

FATIGA

Es una disminución de la capacidad física y mental de un trabajador, ya que el trabajo produce un cierto cansancio muscular y de la mente

INSATISFACCIÓN LABORAL

Grado de malestar que sufre la persona como consecuencia de su trabajo

RESUMEN

- El trabajo puede incidir positiva o negativamente en la salud. La salud no es solo la ausencia de enfermedades, sino el estado de bienestar físico, mental y social de forma completa.

- En la prevención de riesgos laborales, debemos conocer una serie de conceptos básicos, enumerados en el artículo 4 de la Ley 31/95, del 8 de noviembre, como riesgo laboral, daños derivados del trabajo o condiciones de trabajo.

- Los derechos de los trabajadores en materia de prevención de riesgos laborales derivan del derecho constitucional a una protección eficaz. Así, son derechos de los trabajadores recibir una formación e información eficaz, poder paralizar inmediatamente el trabajo en caso de grave riesgo inminente y, por lo tanto, abandonar el puesto de trabajo, además de recibir los equipos de protección individual y que las medidas preventivas sean gratuitas, así como que la empresa lleve a cabo la vigilancia de la salud de sus empleados a través de reconocimientos médicos.

- Son deberes de los trabajadores velar por su seguridad y salud, usar adecuadamente los equipos de trabajo y dispositivos de seguridad e informar y cooperar con el empresario ante cualquier situación de riesgo.

- En el caso de la empresa, son obligaciones de esta proporcionar formación e información, vigilar la salud de los trabajadores y proteger a menores, embarazadas y personal especialmente sensible, establecer las medidas de emergencia, facilitar los equipos de trabajo y los equipos de protección individual y coordinar las actividades preventivas.

- Los trabajadores están expuestos a riesgos que pueden provocar daños en la salud. Estas patologías pueden ser específicas, cuando hay una relación de causa-efecto entre la lesión y el trabajo, o inespecíficas, cuando no se da esa relación, pero inciden otros factores externos al trabajo, además de existir otra serie de nuevas patologías que han ido surgiendo.

- En cuanto al accidente de trabajo, tenemos que saber que es cualquier lesión corporal que sufre el trabajador por el desempeño del trabajo por cuenta ajena. Se da la relación causa-efecto y, por lo tanto, se trata de una patología específica del desarrollo del trabajo. Además, debemos conocer las causas de los accidentes, que pueden ser por factor técnico; es decir, que se desarrolla el trabajo en condiciones inseguras o bien por el factor humano, a causa de actos inseguros. Cuando se dan las dos causas a la vez, hablamos de «causa mixta».

- En relación con las enfermedades profesionales, hay una relación de causa entre el trabajo o actividad desarrollada y el agente causante que lo provoca, pero, eso sí, deben incluirse en el cuadro de enfermedades profesionales establecidas en el Real Decreto 1299/2006. Por lo tanto, se trata también de una patología específica del trabajo.

- Si hacemos referencia a las patologías inespecíficas del trabajo, tenemos la fatiga provocada por una carga física o mental; la insatisfacción laboral, porque realizamos un trabajo que no nos gusta; el estrés, que se produce cuando las exigencias en el trabajo superan nuestras capacidades como trabajadores, y el envejecimiento prematuro, que guarda relación con algunas actividades, que nos provocan que se acelere el hecho natural de envejecer. Por lo tanto, estas patologías se dan en el trabajo, pero hay factores externos que inciden para provocarlas, como son nuestras características personales.

- Por último, debemos mencionar otras patologías que aparecen en el trabajo, como son el mobbing, que es el acoso laboral por parte de superiores o compañeros, tanto físico como emocional, y el burnout, o «síndrome de estar quemado», producido en algunas profesiones, lo que provoca una total despersonalización.

TEST DE EVALUACIÓN

1. **La «salud», según la Organización Mundial de la Salud, es:**
   a) La ausencia de enfermedades
   b) Que los trabajadores estén satisfechos con su trabajo
   c) La ausencia de accidentes de trabajo
   d) Ninguna es correcta

2. **Un «riesgo laboral» es:**
   a) La posibilidad de que un trabajador no sufra un determinado daño derivado de su trabajo
   b) La posibilidad de que un trabajador sufra un determinado daño derivado de su trabajo
   c) No tenga riesgos en el trabajo
   d) Sufra accidentes en el trabajo

3. **Por «enfermedad profesional» se entiende:**
   a) Aquella provocada por toda actividad a la que estemos expuestos a un agente físico
   b) La que viene provocada por un agente biológico
   c) La que se produce por un agente químico
   d) Ninguna es correcta

4. **La «fatiga» es:**
   a) Una patología específica del trabajo
   b) Una patología inespecífica del trabajo
   c) Tener dolor muscular
   d) Tener cansancio

5. **El «estrés» es:**
   a) Tener malestar general y fiebre
   b) Padecer cansancio físico
   c) Producido por un exceso de demandas en el trabajo y al que no estamos capacitados para solventarlo
   d) Todas las anteriores

6. **El «envejecimiento prematuro» es:**
   a) Una patología inespecífica
   b) Envejecer antes de tiempo
   c) Se produce en determinadas actividades
   d) Todas las anteriores

7. **El *mobbing* es:**
   a) El acoso por los superiores
   b) El acoso por los compañeros
   c) Cuando estamos ante situaciones que se prolongan en el tiempo (por ejemplo, más de seis meses) en las que una persona o grupo de personas ejercen presión psicológica al menos una vez por semana contra otra de forma sistemática en el lugar de trabajo
   d) Cuando estamos ante situaciones que no se prolongan en el tiempo, en las que un grupo de personas ejercen presión psicológica

8. **El «síndrome de estar quemado» es:**
   a) Una patología específica
   b) Una patología inespecífica
   c) La persona sufre un desgaste emocional, lo que provoca una despersonalización y una menor realización personal en el trabajo
   d) La persona no sufre un desgaste emocional

9. **Es un «accidente de trabajo»:**
   a) El accidente *in itinere*
   b) Cuando el trabajador hace tareas distintas a las suyas, siguiendo las instrucciones del empresario
   c) El ocurrido en un acto de salvamento
   d) Todas las anteriores

10. **La «insatisfacción laboral» es:**
    a) Grado de malestar que sufre la persona, como consecuencia de su trabajador
    b) Una patología inespecífica
    c) Todas las anteriores

ACTIVIDAD 1

Realice un esquema, en el que aparezcan las semejanzas y diferencias entre «accidente de trabajo» y «enfermedad profesional».

ACTIVIDAD 2

Busque noticias en la prensa de accidentes de trabajo y coméntelas en clase, en relación con cuál ha sido su causa y su consecuencia, y si se ha incumplido algún deber por parte del trabajador y del empresario.

ACTIVIDAD 3

Ponga un ejemplo de cada uno de los tipos de accidente de trabajo que se pueden dar, atendiendo al factor humano, factor técnico y factor mixto.

ACTIVIDAD 4

Identifique los siguientes supuestos, si nos encontramos ante accidentes de trabajo o enfermedad profesionales:

a) Legionela sufrida por un trabajador que reparaba aparatos de aire acondicionado.

b) Quemaduras sufridas por un trabajador al realizar un acto de salvamento en el incendio de una fábrica.

c) Silicosis sufrida por un minero al inhalar polvo de sílice.

d) Amputación de una mano por un técnico de mantenimiento, al usar el torno.

ACTIVIDAD 5

Miguel trabaja en una oficina ocho horas al día. Su trabajo consiste en estar en el ordenador pasando documentos, Desde hace unos días, tiene dolores de cabeza y musculares. Su empresa no le ha realizado ningún reconocimiento médico. No recibió ningún curso de formación. El otro día, cansado ya de esta situación, abandonó su puesto de trabajo.

Comente el supuesto y diga qué derechos y deberes hay, tanto para la empresa como para el trabajador, y qué tipo de sanciones podrían corresponderle.

Los factores de riesgo

En esta unidad va a estudiar:

- Factores de riesgos ligados al ambiente de trabajo
- Factores de riesgo derivados de las condiciones de seguridad
- Factores ligados a la carga de trabajo
- Factores psicosociales

Con su estudio, va a ser capaz de:

- Identificar y clasificar los factores de riesgo en la actividad.
- Identificar los agentes causantes de los factores de riesgo.
- Conocer las medidas para prevenir los diferentes factores de riesgo.

2.1 Los factores de riesgo

Podemos entender por «factor de riesgo» toda condición potencialmente peligrosa para la salud del trabajador, con lo que este concepto abarcaría todas aquellas condiciones de trabajo que puedan incidir significativamente en la salud de la persona trabajadora. Por ello, se consideran factores de riesgo los expuestos a continuación.

2.1.1 El medio ambiente de trabajo físico y sus contaminantes químicos y biológicos

En el ambiente de trabajo, podemos encontrarnos agentes químicos, biológicos y físicos, que pueden dar lugar a algunas enfermedades profesionales. Por lo tanto, se trata tanto de una fuente de energía, un producto químico o un ser vivo, que son nocivos para la salud, pero dependerá de su presencia en el ambiente y del tiempo al que se esté expuesto.

2.1.1.1 Agentes químicos

Los «agentes químicos» son aquellas sustancias que pueden provocar daños a la salud de la persona, cuando su organismo las absorbe en unas dosis determinadas.

Por lo tanto, puede ser en estado natural o producido, por sí solo o mezclado con otro compuesto químico, utilizado en el trabajo o vertido como residuo, y puede que se haya comercializado o no.

La gravedad del riesgo depende de la naturaleza del agente químico, de las condiciones individuales del trabajador expuesto y de las características de la exposición.

Sus vías de entrada al organismo son: respiratoria, digestiva, dérmica (por la piel) y parenteral (por una herida abierta).

Tienen efectos irritantes, asfixiantes, cancerígenos, mutagénicos, sensibilizantes, corrosivos, etc.

Para un trabajo seguro, se deben conocer la peligrosidad de los productos y las medidas de prevención. Esta información es obligatoria que la facilite el empresario; es decir, aparecerá en la ficha de datos de seguridad y en la etiqueta del envase de los productos.

PARA SABER MÁS

Para conocer dicha peligrosidad, debe acudir al sistema globalmente armonizado de clasificación y etiquetado de productos químicos, donde se establecen los pictogramas para el etiquetado de sustancias químicas.

Figura 2.1 Cuadro INSHT: Sistema Globalmente Armonizado de Clasificación y Etiquetado de Productos Químicos.

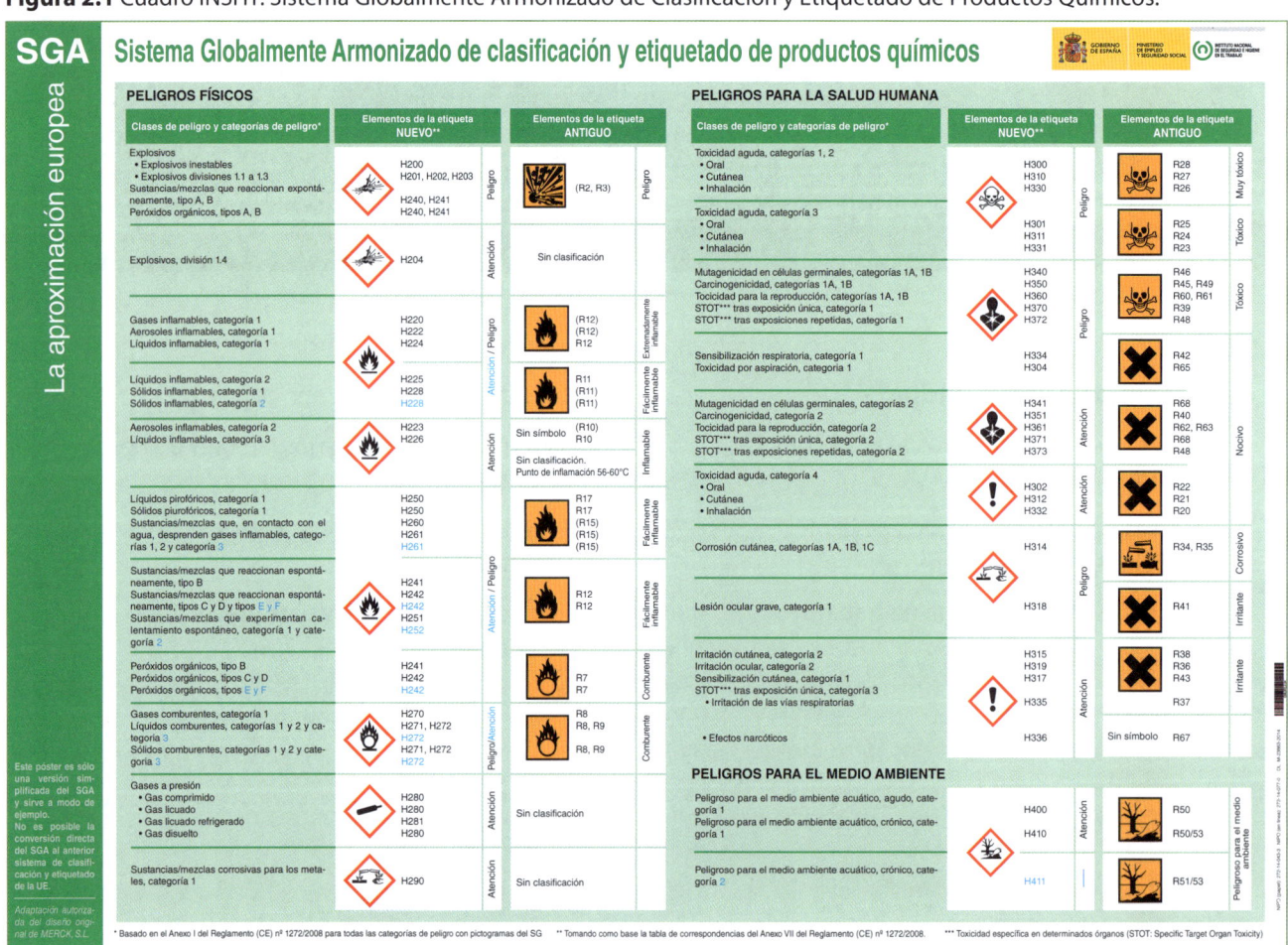

Para prevenir y controlar el riesgo, la empresa debe eliminar o reducir el riesgo al mínimo y, para ello, se deben conocer los valores límite de exposición ambiental; es decir, los valores de referencia para las concentraciones de los agentes químicos en el aire. Para ello, se tomarán las medidas expuestas en la figura 2.2 para controlar el riesgo.

Figura 2.2 Medidas de control de riesgo químico.

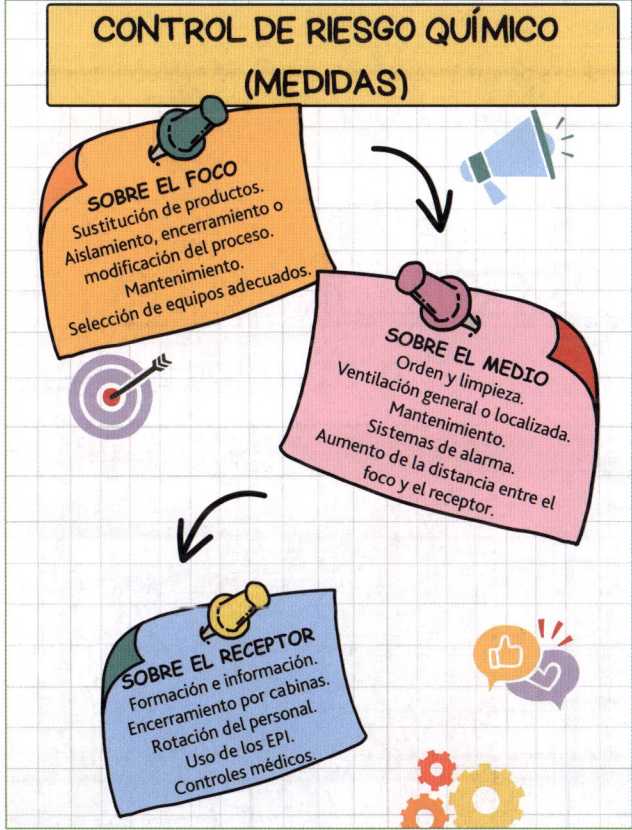

2.1.1.2 Agentes biológicos

Cuando hablamos de agentes biológicos, nos referimos a todos aquellos seres vivos (bacterias o gusanos) o estructuras biológicas (virus) que ocasionan enfermedades de tipo infeccioso o parasitario al penetrar en el organismo. Por lo tanto, son riesgos biológicos laborales aquellos que pueden generar peligros de infección, intoxicación o alergias contraídas por el trabajador.

Provocan enfermedades profesionales, sobre todo, en trabajos relacionados con el ganado, y también en los hospitales y centros de salud. Sus vías de entrada en el organismo son las mismas que las de los agentes químicos.

Figura 2.3 Tipos de agentes biológicos.

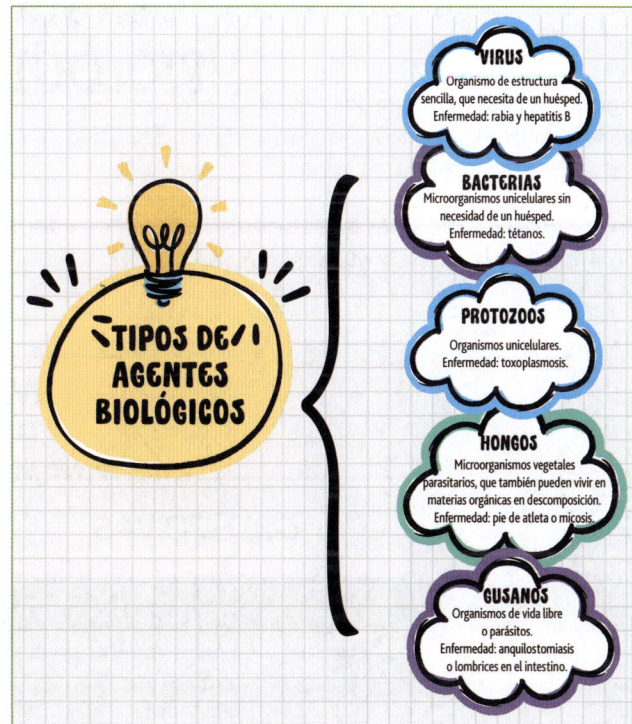

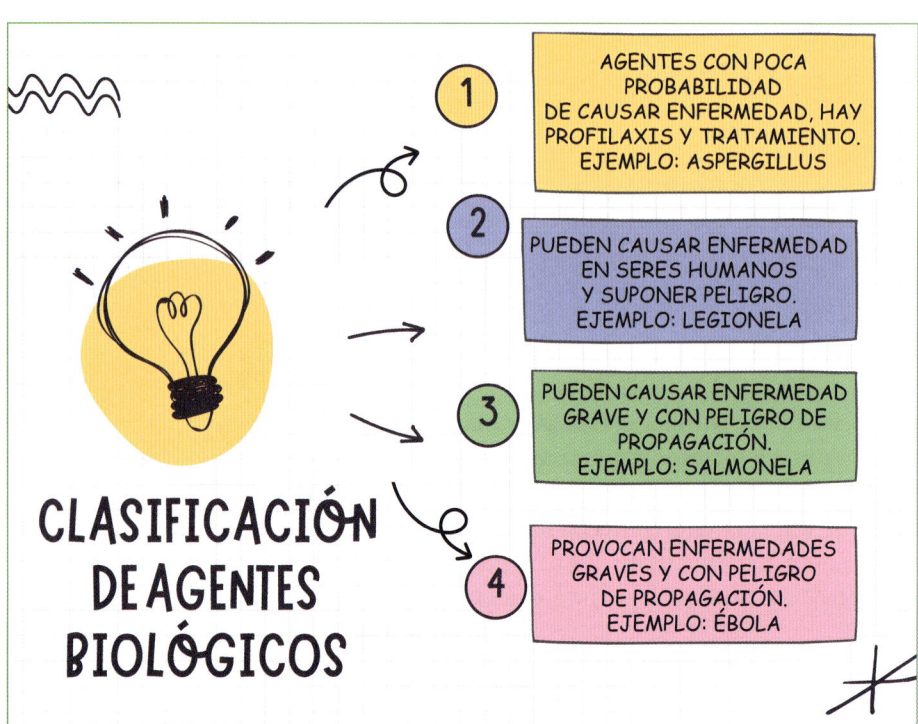

Figura 2.4 Clasificación de los agentes biológicos.

En cuanto a las medidas que adoptar, deberemos adoptar medidas de protección colectiva y de protección individual, con el objetivo de evitar el riesgo.

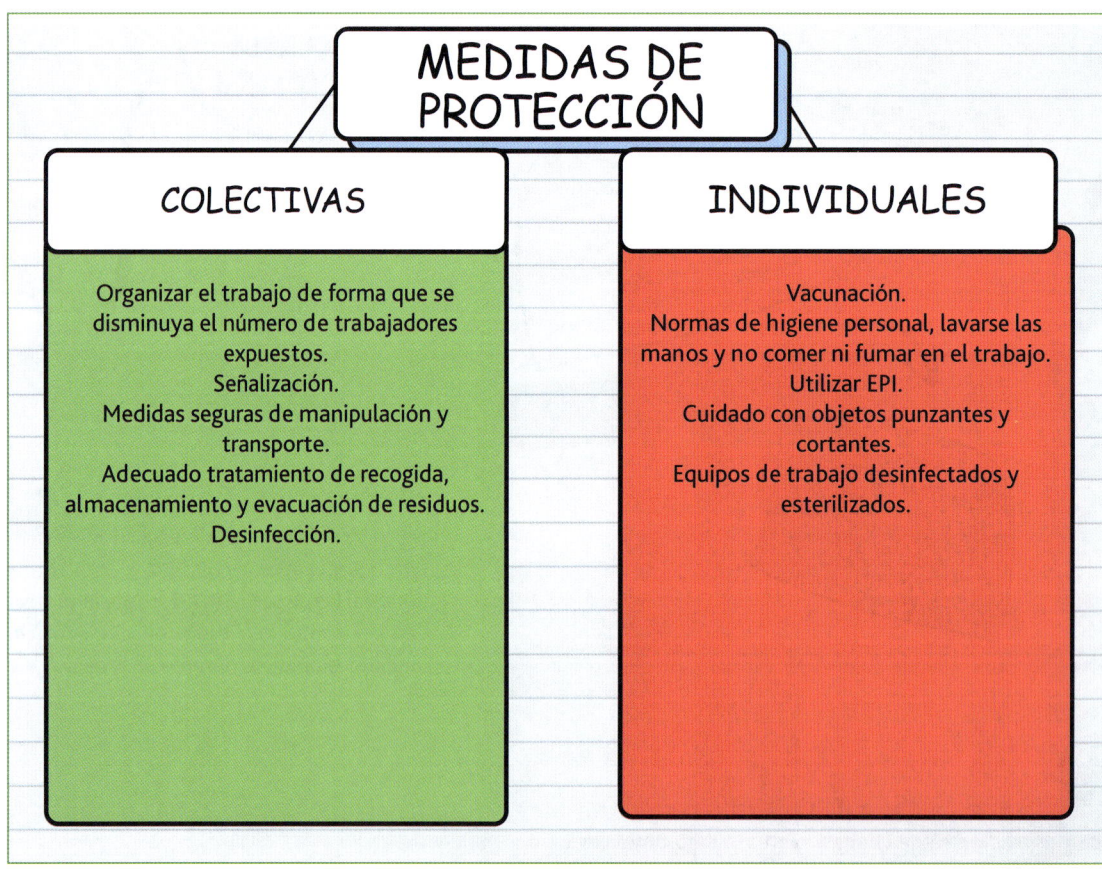

Figura 2.5 Medidas de protección ante riesgos biológicos.

2.1.1.3 Agentes físicos

Son elementos presentes en el ambiente de trabajo que pueden producir enfermedades y accidentes. El ruido, las radiaciones, las vibraciones, la iluminación y la temperatura son agentes físicos que deben analizarse, por las graves consecuencias que pueden acarrear.

El ruido

Es un sonido molesto, no deseado y peligroso. Las magnitudes que lo definen son las siguientes:

- La intensidad, que es la energía empleada para generar el ruido. Su unidad es el decibelio.

- La frecuencia, que es el número de ciclos por segundo de una onda de presión acústica. Su unidad es el hercio.

En cuanto a los efectos del ruido, el principal es el que reduce la capacidad auditiva, puesto que el primer síntoma es la sordera temporal, que es reversible, ya que cesa cuando lo hace el ruido. El problema se plantea cuando la exposición es continuada, ya que produce hipoacusia o sordera, considerada una enfermedad profesional.

También podemos hablar de otra serie de efectos, como son las alteraciones en el sistema respiratorio y el cardiovascular y los trastornos digestivos y del sueño.

Debemos ser conscientes de que el ruido no solo puede llegar a producir una enfermedad profesional, sino que puede llegar a provocar accidentes de trabajo, ya que su presencia en el ambiente de trabajo hace que el grado de atención disminuya y que se reduzca el tiempo de reacción.

Para medir el ruido, se usan dosímetros y sonómetros.

Figura 2.6 Prevención frente al ruido.

Figura 2.7 Medidas de prevención.

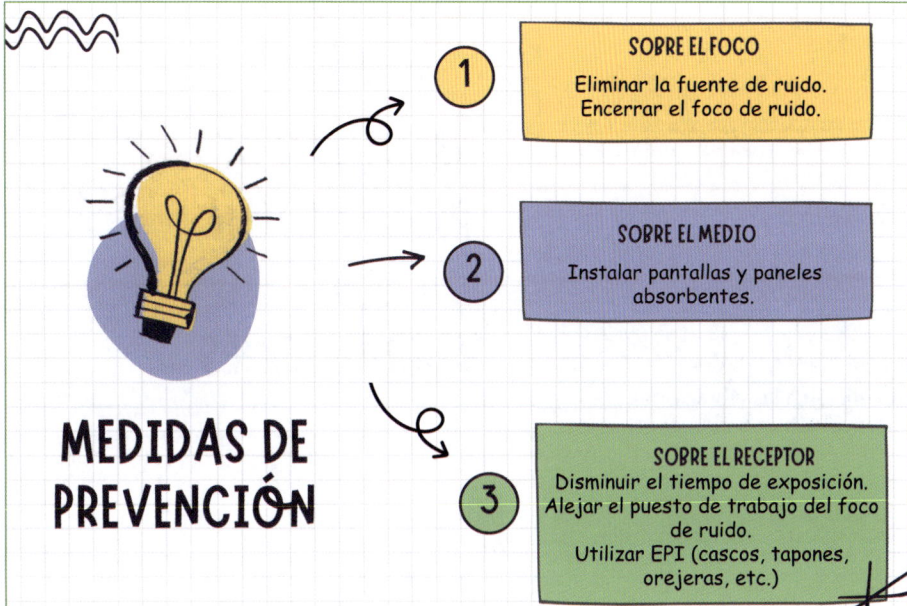

EJERCICIO 3

Un trabajador en una carpintería metálica está expuesto a un nivel de decibelios muy alto durante su jornada laboral. Explique qué efectos puede tener para su salud y qué medidas de prevención y protección se deben adoptar.

Vibraciones

Un gran número de personas están expuestas a las vibraciones en su lugar de trabajo. Las vibraciones se miden por su frecuencia y su intensidad.

Pueden ser de dos tipos:

- **Vibraciones de cuerpo entero,** en las que pueden aparecer lumbalgias y lesiones de columna vertebral. Serían las vibraciones transmitidas por los asientos y las plataformas de vehículos o máquinas.

- **Vibraciones en mano-brazo:** solo estaría sometida a vibración esta parte del cuerpo, provocando problemas óseos, articulatorios o musculares. Se transmiten por la empuñadura de las herramientas a motor, como taladros o amoladoras. Pueden llegar a provocar el síndrome de Raynaud o del dedo blanco, que es un vasoespasmo de partes de la mano en respuesta al frío o a la tensión emocional, que produce molestias y cambio de color reversible, en uno o varios dedos. Se considera enfermedad profesional.

Figura 2.8 Fases del síndrome de Raynaud o del dedo blanco.

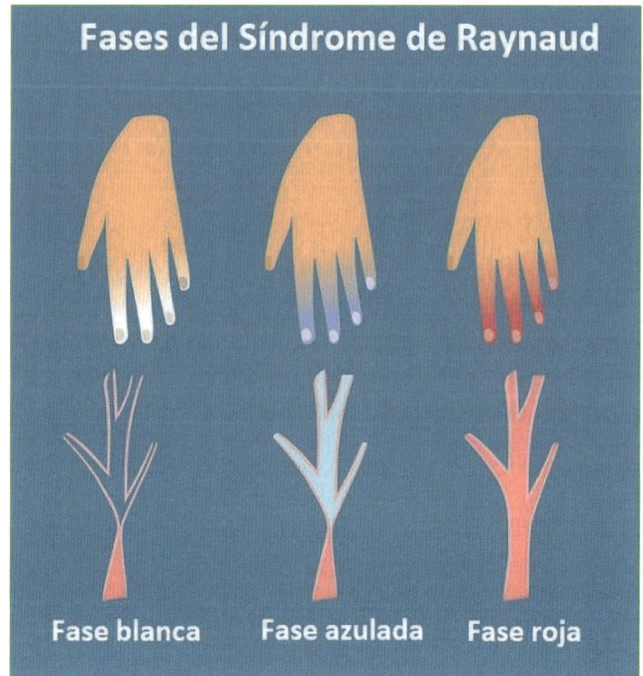

PARA SABER MÁS

Puede consultar los valores de referencia conforme al Real Decreto 1311/2005, del 4 de noviembre, sobre exposición a vibraciones mecánicas.

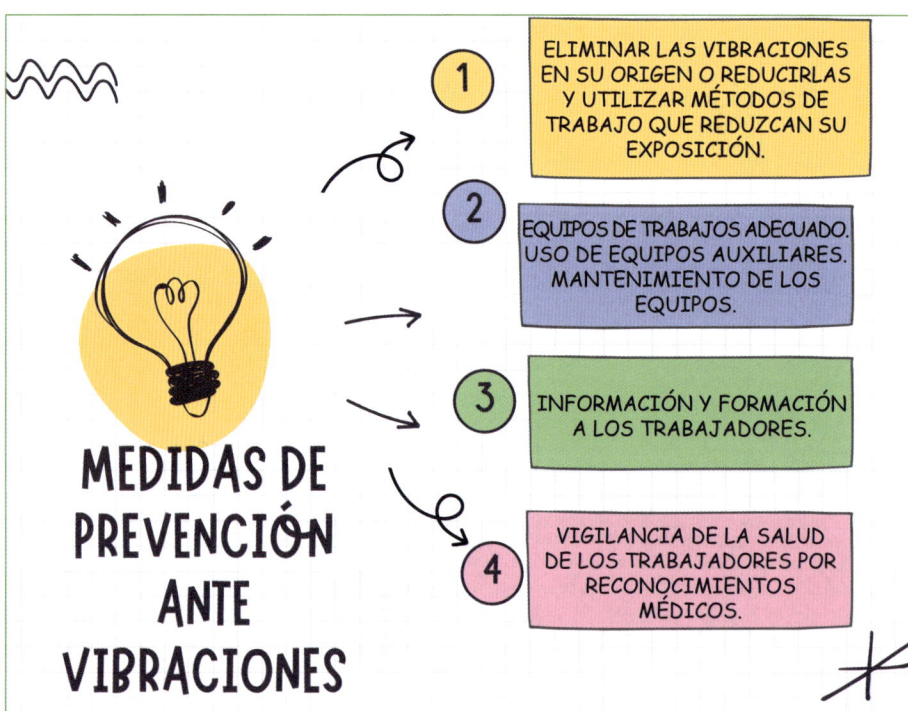

Figura 2.9 Medidas de prevención a las vibraciones.

EJERCICIO 4

Un transportista ha empezado a encontrarse mal después de su primer mes de trabajo. Tiene dolores lumbares y mareos. Se ha dado cuenta de unas vibraciones de baja frecuencia que afectan a su salud. ¿Qué medidas de prevención y protección debería adoptar la empresa?

Temperatura

La temperatura provoca situaciones de incomodidad, que pueden convertirse en situaciones de estrés térmico.

La temperatura corporal está en 37 °C. El calor extra eleva la temperatura, y esta se elimina por la sudoración; sin embargo, el frío se elimina quemando grasas.

El «aumento de temperatura ambiental» supone un aumento de la temperatura corporal y, si esta subida es brusca, puede provocar un golpe de calor. Otros efectos serán la deshidratación, la lipotimia, el déficit salino, el incremento del ritmo respiratorio o la dilatación de los vasos sanguíneos.

La «exposición laboral a ambientes fríos» puede causar descensos de la temperatura interna, que limitan la destreza manual, y también puede provocar la congelación en diferentes grados.

Las medidas preventivas consistirán en usar la ropa adecuada, beber con frecuencia agua u otras bebidas no alcohólicas y tomar sal en las comidas cuando se esté expuesto durante el trabajo a temperaturas ambiente elevadas, además de mantener la piel siempre limpia para facilitar la transpiración.

EJERCICIO 5

Un trabajador de la construcción trabaja largas horas expuesto al sol, ya que está realizando el pavimento de una urbanización. Indique las medidas de prevención oportunas.

Iluminación

Es muy importante la iluminación en el puesto de trabajo, ya que evita muchos accidentes y, además, previene la pérdida de agudeza visual y, por lo tanto, la fatiga visual.

Las medidas preventivas serían utilizar la luz natural siempre que se pueda, usar sistemas de iluminación indirecta, adecuar la intensidad a las exigencias visuales, evitar deslumbramientos o usar apantallamientos, limpiar periódicamente lámparas y luminarias y evitar los contrastes.

Radiaciones

Son ondas y partículas electromagnéticas emitidas por determinadas materias. La unidad de medida es el *sievert*.

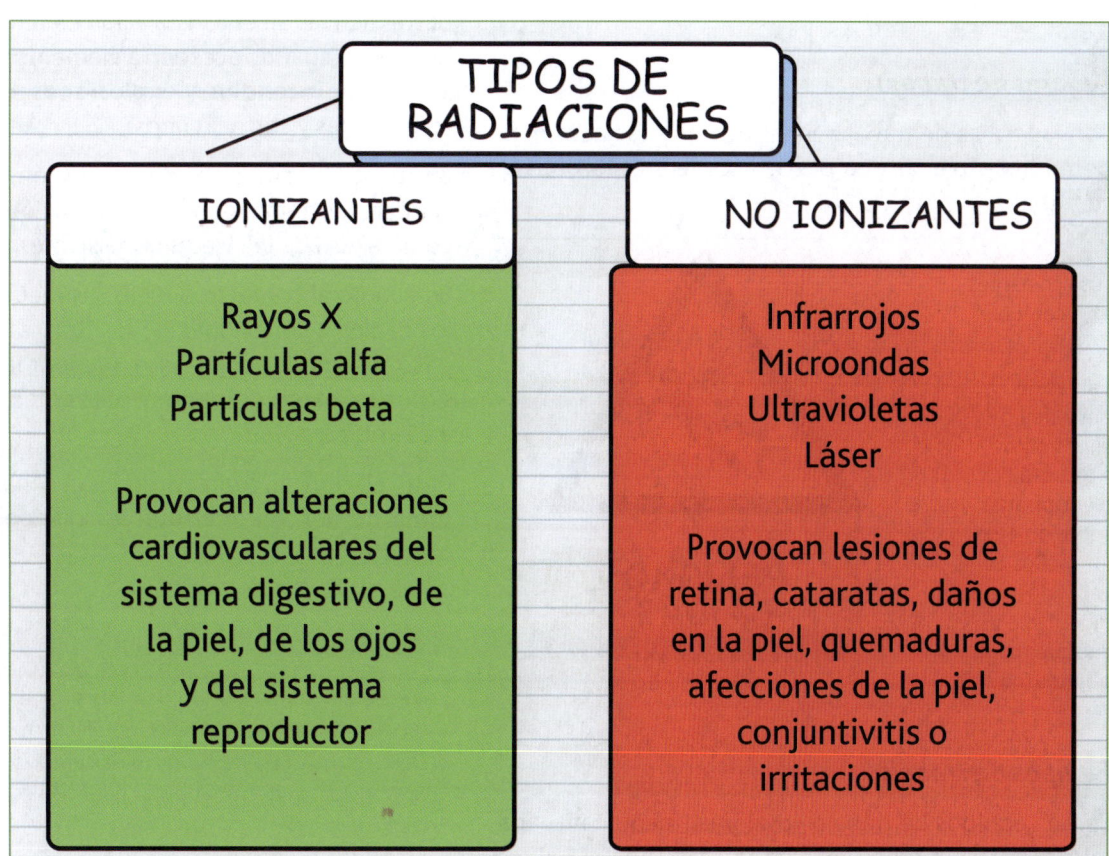

Figura 2.10 Tipos de radiaciones y sus efectos.

En cuanto a las medidas de prevención, habría que limitar la dosis de exposición, sobre todo a los menores de edad y las mujeres embarazadas. Otras medidas son: formación e información a los trabajadores, señalización en los puestos de trabajo, vigilancia de la salud y uso de EPI.

PARA RECORDAR

Los «agentes físicos» son elementos presentes en el ambiente de trabajo que pueden producir enfermedades profesionales y accidentes de trabajo.

EJERCICIO 6

Determine, en los siguientes supuestos, a qué agente se encuentran expuestos los trabajadores:

a) En una peluquería, donde se utilizan tintes y disolventes

b) En una oficina, donde no hay suficiente iluminación al utilizar los ordenadores

c) En un taller mecánico, en el que el ruido de decibelios es muy alto

d) Un técnico de laboratorio, que analiza muestras de sangre

2.1.2 Las condiciones de seguridad

Son los factores que pueden llegar a producir accidentes de trabajo.

Lugares de trabajo

Son las zonas de trabajo en las que el trabajador debe permanecer o a las que puede acceder por razones de su trabajo.

Los accidentes más comunes serán:

Caídas de personas al mismo o a distinto nivel, pisadas sobre objetos, atropellos de vehículos, caídas de objetos y choques contra objetos móviles.

Equipos de trabajo

Serán «equipos de trabajo» cualquier maquinaria, aparato, instalación o herramienta utilizados en el trabajo.

Los accidentes producidos por la maquinaria pueden ser: proyección de partículas o elementos de las máquinas, golpes, cortes, contactos eléctricos, atrapamientos y quemaduras.

Las medidas que se pueden adoptar en cuanto a las máquinas son:

a) Que tengan marcado el símbolo CE.

b) Que se usen resguardos y dispositivos de seguridad.

c) Que haya pulsador de emergencia y el mantenimiento de todos estos dispositivos.

d) Se dará formación e información a los trabajadores, quienes deberán evitar el uso de ropas holgadas, cadenas, petos, etc., para evitar así posibles atrapamientos.

e) Resultan importantes el orden, la limpieza, la señalización y una buena iluminación.

EJERCICIO 7

En una empresa, ha llegado una nueva máquina y el empresario se pregunta qué medidas puede adoptar. Enumere las más importantes.

Instalaciones eléctricas

El «riesgo eléctrico» se produce cuando existe la probabilidad de que una corriente eléctrica circule por el cuerpo humano. Los accidentes se producen por **contacto directo,** cuando las personas entran en contacto con las partes activas de una instalación eléctrica; por **contacto indirecto,** cuando acceden a elementos puestos en tensión, y por **incendios y explosiones,** como a causa de sobrecargas y cortocircuitos

En cuanto a las medidas de prevención, podemos destacar para los trabajadores la información y formación, así como el uso de EPI y equipos aislantes.

En cuanto al contacto directo, las medidas serían alejar los cables y conexiones de los lugares de trabajo y de paso, interponer obstáculos, recubrir las partes en tensión con material aislante y utilizar tensiones inferiores a 25 voltios.

Con relación al contacto indirecto, habría que poner toma de tierra e interruptores diferenciales y separar circuitos.

EJERCICIO 8

Un electricista ha sufrido una descarga eléctrica, al conectar dos cables en la instalación eléctrica de una vivienda. Describa qué tipo de contacto ha sufrido y qué medidas de prevención se deben adoptar para prevenir este accidente de trabajo.

Incendios

El fuego es una oxidación rápida, en la que se produce emisión de luz y de calor. Cuando el fuego se propaga y se descontrola, puede causar pérdidas materiales y personales. Para que sea posible un fuego, se han de dar los siguientes **elementos:**

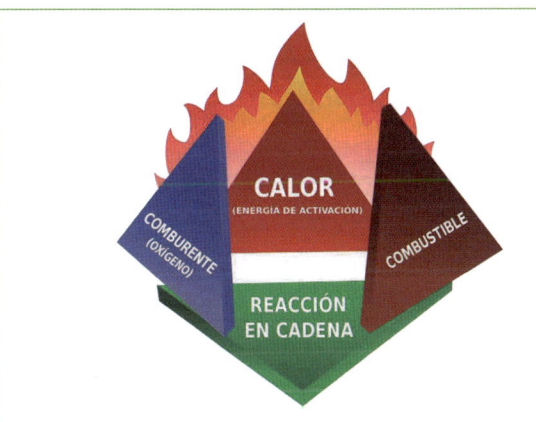

Combustible: es la materia que arde al aplicarle calor.
Comburente: es el oxígeno presente en el aire que respiramos.
Energía de activación: es la energía mínima que permite iniciar el fuego mediante un foco de ignición; por ejemplo, un cortocircuito.
Reacción en cadena: es el proceso mediante el cual el fuego progresa.

Clases de fuego según la norma UNE-EN 2:

- **Clase A:** fuegos en materiales sólidos combustibles, como madera, papel, textiles, etc.

- **Clase B:** fuegos en líquidos inflamables, como gasolina, alcohol, disolventes, etc.

- **Clase C:** fuegos en gases inflamables, como metano, propano, butano, etc.

- **Clase D:** fuegos en metales combustibles, como magnesio, sodio, titanio, etc.

- **Clase F:** fuegos en aceites y grasas de cocina.

PARA RECORDAR

Nunca hay que utilizar el agua para extinguir fuegos eléctricos, ya que implica peligro de muerte por electrocución.

EJERCICIO 9

Un empleado de una gasolinera, en su tiempo de descanso, se encuentra fumando cerca de unos residuos señalizados como inflamables. En este supuesto, indique si se dan los elementos para que se produzca un incendio y diga qué clase de fuego sería y cuál sería el agente extintor más adecuado.

Figura 2.11 Clases de fuego y su agente extintor.

Agente extintor	Clases de fuego (UNE EN 23.010)				
	A	B	C	D	F
Agua pulverizada	Ideal	Recomendable	NO	NO	NO
Agua a chorro	Muy Recomendable	NO	NO	NO	NO
Polvo ABC (convencional)	Muy Recomendable	Ideal	Muy Recomendable	NO	NO
Polvo ABC (polivalente)	Muy Recomendable	Muy Recomendable	Muy Recomendable	NO	NO
Polvo específico metales	NO	NO	NO	Ideal	NO
Espuma física	Muy Recomendable	Muy Recomendable	NO	NO	NO
Anhídrido carbónico	Recomendable	Recomendable	NO	NO	NO
Hidrocarburos halogenados	Recomendable	Muy Recomendable	NO	NO	NO
Acetato de Potasio	NO	NO	NO	NO	Ideal

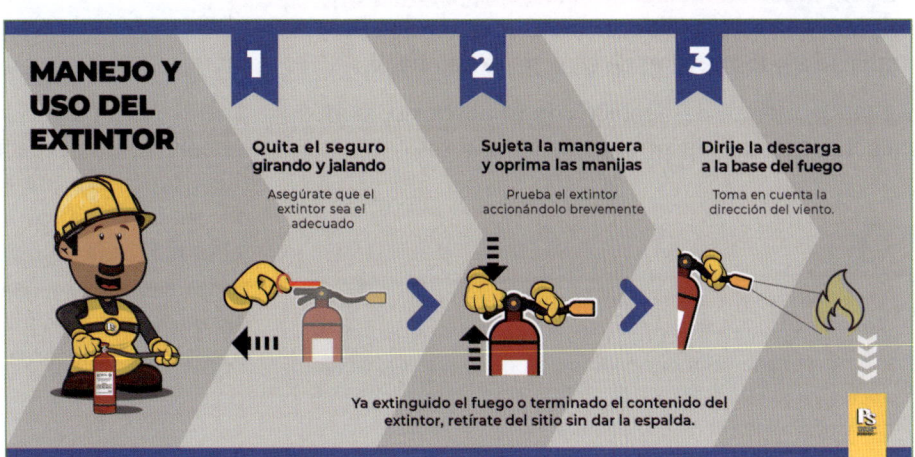

Figura 2.12 Manejo y uso del extintor de incendios.

2.1.3 La carga física y mental

Cuando hablamos de carga de trabajo, nos referimos a todo esfuerzo físico o mental que realizamos en el trabajo. Por lo tanto, será aquel conjunto de requerimientos físicos y psicológicos a los que se somete el trabajador durante su jornada laboral. Su consecuencia será la fatiga, tanto física como mental.

Carga de trabajo física

Serían aquellos requerimientos físicos a los que se somete el trabajador durante su jornada laboral. Tiene que ver con el esfuerzo físico, la postura de trabajo, que depende de si el trabajo es sentado o de pie y la manipulación manual de cargas.

También tiene que ver con trastornos musculoesqueléticos, que derivan en enfermedades profesionales.

En cuanto a las medidas preventivas, podemos citar: formación e información al trabajador, vigilancia de la salud y diseño ergonómico de la tarea y del puesto de trabajo.

Para recordar: En la manipulación manual de carga, el peso máximo que se recomienda es de 25 kilogramos, salvo en el caso de menores de edad y mujeres, que se recomienda no superar los 15 kilogramos.

Figura 2.13 Pasos que seguir para la manipulación de cargas.

Carga mental

Es el conjunto de requerimientos psíquicos a los que se ve sometido el trabajador a lo largo de la jornada laboral. También influyen las características individuales del trabajador y los factores de carácter extralaboral.

La fatiga mental desaparece con el descanso, la alternancia de tareas y la introducción de pausas.

EJERCICIO 10

Un empleado en una oficina ha empezado a sufrir dolores de cabeza, espalda y mano. Su trabajo consiste en estar frente a un ordenador introduciendo datos. ¿Cree que su trabajo incide en su salud? Explique por qué, cuál es su causa y qué medidas de prevención impondría.

2.1.4 Los factores de riesgo psicosociales

Son interacciones que se dan en una empresa entre el contenido del trabajo, su organización y las características individuales del trabajador. La técnica de prevención será la psicosociología. Los efectos son:

- Psicológicos: ansiedad, depresión, euforia, agresividad, alcoholismo, tabaquismo o drogadicción

- Psicosomáticos: fatiga física y mental, dolores de cabeza, insomnio, trastornos circulatorios y trastornos respiratorios

- Psicosociales: absentismo, accidentes, conflictividad y defectos de calidad

Como medidas de prevención, tendríamos un ritmo de trabajo adecuado, la motivación laboral, el fomento de las relaciones laborales, el establecimiento de sistemas de resolución de conflictos, una buena comunicación, etc.

1.4.1. Estrés

Es el conjunto de reacciones emocionales, cognitivas, fisiológicas y de comportamiento ante determinados aspectos adversos del contenido del trabajo, la organización de este o el entorno laboral. Se experimenta cuando las demandas del medio ambiente laboral exceden la capacidad de los trabajadores para controlarlas.

 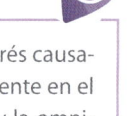

PARA SABER MÁS

El «tecnoestrés» es un término que se refiere al estrés causado por el uso excesivo de la tecnología, especialmente en el contexto laboral. Con el avance de la tecnología y la omnipresencia de dispositivos digitales en nuestra vida cotidiana, el tecnoestrés se ha convertido en un fenómeno cada vez más común y preocupante.

1.4.2. Mobbing

Se trata de un comportamiento irracional repetido, respecto a un empleado o grupo de empleados, que constituye un riesgo para la salud o seguridad del trabajador.

1.4.3. Burnout

Se aplica a una situación similar al estrés y se suele traducir con la expresión de «estar quemado». Es un estrés de carácter crónico, que se experimenta en el ámbito laboral. El individuo presenta agotamiento emocional o cansancio físico y psicológico. Se da una sensación de incompetencia, de ineficacia y de no poder atender adecuadamente las tareas.

Reto profesional

Investigue, dentro de su familia profesional, una de las salidas profesionales que obtuvo en el reto de la unidad 1, qué factores de riesgo intervienen para provocar los daños y medidas que obtuvo al realizar el reto de la unidad anterior.

Mapa conceptual

AMBIENTE DE TRABAJO

AGENTE QUÍMICO

Sustancias que pueden provocar daños a la salud de la persona cuando su organismo las absorbe en unas dosis determinadas.

AGENTE BIOLÓGICO

Seres vivos (bacterias, gusanos) o estructuras biológicas (virus) que ocasionan enfermedades de tipo infeccioso o parasitario al penetrar en el organism.

AGENTE FÍSICO

Elementos presentes en el ambiente de trabajo que pueden producir enfermedades y accidentes. Son el ruido, las radiaciones, las vibraciones, la iluminación y la temperature.

CARGA FÍSICA Y MENTAL

Serían aquellos requerimientos físicos y psíquicos a los que se somete el trabajador durante su jornada laboral.

FACTORES PSICOSOCIALES

Son interacciones que se dan en una empresa entre el contenido de trabajo, su organización y las características individuales del trabajador. Serán el estrés, *mobbing* y *burnout*.

UD.2 LOS FACTORES DE RIESGO LABORAL

CONDICIONES DE SEGURIDAD

LUGARES DE TRABAJO

Son las zonas de trabajo en las que el trabajador debe permanecer o a las que puede acceder por razones de su trabajo.

EQUIPO DE TRABAJO

Cualquier maquinaria, aparato, instalación o herramienta utilizadas en el trabajo.

INSTALACIONES ELÉCTRICAS

El riesgo eléctrico se produce cuando existe la probabilidad de que una corriente eléctrica circule por el cuerpo humano.

INCENDIOS

El fuego es una oxidación rápida en la que se produce emisión de luz y de calor.

RESUMEN

- Es factor de riesgo toda condición potencialmente peligrosa para la salud del trabajador, con lo que este concepto abarcaría todas aquellas condiciones de trabajo que puedan incidir significativamente en la salud de la persona trabajadora.

- En el ambiente de trabajo, podemos encontrarnos agentes químicos, biológicos y físicos que pueden dar lugar a algunas enfermedades profesionales.

- Los «agentes químicos» son aquellas sustancias que pueden provocar daños a la salud de la persona cuando su organismo las absorbe en unas dosis determinadas. Por lo tanto, puede ser en estado natural o producido, por sí solo o mezclado con otro compuesto químico, utilizado en el trabajo o vertido como residuo, y puede que se haya comercializado o no.

- Los «agentes biológicos» son todos aquellos seres vivos (bacterias o gusanos) o estructuras biológicas (virus) que ocasionan enfermedades de tipo infeccioso o parasitario, al penetrar en el organismo. Por lo tanto, son riesgos biológicos laborales aquellos que pueden generar peligros de infección, intoxicación o alergias contraídas por el trabajador.

- Los «agentes físicos» están en el ambiente de trabajo y pueden producir enfermedades y accidentes. Son el ruido, las radiaciones, las vibraciones, la iluminación y la temperatura.

- El «ruido» es un sonido molesto, no deseado y peligroso. Las magnitudes que lo definen son la intensidad y la frecuencia. Las vibraciones se miden por su frecuencia e intensidad. Pueden ser de dos tipos: de cuerpo entero y de mano-brazo. La temperatura provoca situaciones de incomodidad, que pueden convertirse en situaciones de estrés térmico. La iluminación en el puesto de trabajo evita muchos accidentes y, además, previene la pérdida de agudeza visual y, por lo tanto, la fatiga visual. Las radiaciones son ondas y partículas electromagnéticas emitidas por determinadas materias. La unidad de medida es el sievert.

- Los factores derivados de las condiciones de seguridad son los factores que pueden llegar a producir accidentes de trabajo. Serán los «lugares de trabajo», que son las zonas de trabajo en las que el trabajador debe permanecer o a las que puede acceder por razones de su trabajo. Los «equipos de trabajo» son cualquier maquinaria, aparato, instalación o herramienta utilizados en el trabajo. El «riesgo eléctrico» se produce cuando existe la probabilidad de que una corriente eléctrica circule por el cuerpo humano. Los accidentes se producen por **contacto directo**, cuando las personas entran en contacto con las partes activas de una instalación eléctrica; por **contacto indirecto**, cuando acceden a elementos puestos en tensión, y por **incendios y explosiones**, a causa de sobrecargas y cortocircuitos. En cuanto a los «incendios», el fuego es una oxidación rápida, en la que se produce emisión de luz y de calor. Cuando el fuego se propaga y se descontrola, puede causar pérdidas materiales y personales. Para que sea posible un fuego, se han de dar los siguientes **elementos**: combustible, comburente, energía de activación y reacción en cadena.

- Cuando hablamos de «carga de trabajo», nos referimos a todo esfuerzo físico o mental que realizamos en el trabajo. La «carga física» serán aquellos requerimientos físicos a los que se somete el trabajador durante su jornada laboral. La «carga mental» es el conjunto de requerimientos psíquicos a los que se ve sometido el trabajador a lo largo de la jornada laboral. También influyen las características individuales del trabajador y los factores de carácter extralaboral.

- Los «factores psicosociales» son interacciones que se dan en una empresa entre el contenido del trabajo, su organización y las características individuales del trabajador. La técnica de prevención será la psicosociología. Serán el «estrés», que es el conjunto de reacciones emocionales, cognitivas, fisiológicas y de comportamiento ante determinados aspectos adversos del contenido del trabajo, la organización de este o el entorno laboral. El mobbing es un comportamiento irracional repetido, respecto a un empleado o grupo de empleados, que constituye un riesgo para la salud o seguridad del trabajador. El burnout se aplica a una situación similar al estrés y se suele traducir con la expresión de «estar quemado». Es un estrés de carácter crónico, que se experimenta en el ámbito laboral.

TEST DE EVALUACIÓN

1. **Los factores ligados al ambiente de trabajo pueden producir:**
   a) Enfermedad profesional.
   b) Accidente de trabajo.
   c) Fatiga.
   d) Todas son correctas.

2. **En los agentes químicos:**
   a) La gravedad del riesgo no depende de la naturaleza del agente químico, de las condiciones individuales del trabajador expuesto y de las características de la exposición.
   b) La gravedad del riesgo depende de la naturaleza del agente químico, de las condiciones individuales del trabajador expuesto y de las características de la exposición.
   c) No se tienen en cuenta las condiciones individuales del trabajador.
   d) No se tienen en cuenta las características de la exposición.

3. **Son agentes biológicos:**
   a) Son solo las bacterias.
   b) Solo producen enfermedades profesionales.
   c) Ninguna es correcta.
   d) Todos aquellos seres vivos (bacterias o gusanos) o estructuras biológicas (virus) que ocasionan enfermedades de tipo infeccioso o parasitario, al penetrar en el organismo.

4. **El ruido es:**
   a) Un factor de riesgo ligado al ambiente de trabajo.
   b) Un agente que puede provocar accidentes de trabajo.
   c) Un sonido molesto, no deseado y peligroso.
   d) Todas las anteriores.

5. **Las vibraciones:**
   a) Provocan enfermedades profesionales.
   b) Son agentes físicos.
   c) Pueden afectar a todo el cuerpo o a partes de él.
   d) Todas las anteriores.

6. **La iluminación:**
   a) Puede provocar accidentes de trabajo.
   b) Puede provocar fatiga.
   c) Hay que adaptar la iluminación a las exigencias de la tarea.
   d) Todas son correctas.

7. **La carga de trabajo:**
   a) Puede provocar fatiga.
   b) Puede ser física.
   c) Puede ser mental.
   d) Todas las anteriores.

8. **El estrés:**
   a) Es un factor ligado al ambiente de trabajo.
   b) Es un factor derivado de las condiciones de seguridad.
   c) Es un factor derivado de la carga de trabajo.
   d) Ninguna es correcta.

9. **Los factores derivados de las condiciones de seguridad:**
   a) Pueden provocar accidentes de trabajo.
   b) Son concentraciones en el ambiente de trabajo.
   c) Uno de sus agentes son las radiaciones.
   d) Todas las anteriores.

10. **En los incendios:**
   a) El comburente es la materia que arde al aplicar el calor.
   b) Una reacción en cadena es el proceso mediante el cual el fuego progresa.
   c) El combustible es el oxígeno.
   d) Todas las anteriores.

ACTIVIDADES

ACTIVIDAD 1

Lea atentamente el caso siguiente, señale en el texto los factores de riesgo que encuentre y diga cuáles son:

«Juan Carlos ha terminado su ciclo de grado medio de instalaciones eléctricas y automáticas, y ya tiene su primer empleo. Se trata de una empresa dedicada a las instalaciones y reparaciones eléctricas. El taller es de reducidas dimensiones y no tienen banco de trabajo. Además, en el taller, hace mucho ruido: ello se debe a que el nivel de ruido alcanza en la jornada ordinaria los 90 decibelios. La música ambiental está muy fuerte y, a veces, se pone los auriculares de MP3 muy fuerte para oír su música preferida y, por ello, no se pone los cascos protectores.

»El local no tiene suficiente iluminación, debido a que solo hay una ventana sin persianas y los fluorescentes están sucios y sin rejilla.

»La temperatura es muy alta, debido a que no funciona el aire acondicionado, a causa de un posible brote de legionela y, por ello, dejan la puerta del taller abierta.

»Fue el otro día a arreglar una máquina, sin comprobar la tensión y, al tocar la carcasa de seguridad, le dio un calambrazo. Además, no llevaba puestos los guantes aislantes. Las herramientas estaban por el suelo y sucias. Los cables de las máquinas están por en medio, lo cual le había provocado más de un tropezón.

»Una de las máquinas que ha ido a arreglar tiene un defecto en el cableado y está empalmado. Además, otro de los cables está ennegrecido.

»Tuvo que mover unas cajas que dejaron los compañeros y pesaba más de cincuenta kilos, por lo que acabó con un dolor terrible de espalda por las posturas forzadas.

»El otro día se dio un caso de conato de incendio y nadie sabía qué hacer. Todos salimos corriendo y a empujones; además, no había ningún extintor y, si lo hubiera encontrado, tampoco sabía cómo utilizarlo. En medio del pasillo, habían colocado cajas y otros equipos.

»A veces, piensa por qué está en ese lugar: el edificio es viejo y anticuado y, además, hay humedades y goteras. Trabaja, a veces, más de ocho horas diarias, y no tiene casi tiempo para almorzar y, además, tiene que tomar decisiones un tanto molestas, como decidir con quién comparte turno de trabajo. En su contrato, no pone si va a haber renovación y tampoco plazo para avisarlo. A veces, llega a casa muy cansado y agobiado por los problemas; además, hace dos días que un compañero no le habla y lo mira mal: se siente acosado».

ACTIVIDAD 2

Establezca las medidas de prevención ante los siguientes riesgos:

a) La carga física.

b) La carga mental de un trabajador.

c) El contacto directo con una instalación eléctrica.

d) El contacto indirecto con una instalación eléctrica.

ACTIVIDAD 3

Ante los siguientes supuestos, identifique qué clase de fuego se trata y cuál es el agente extintor más adecuado:

a) Un fuego provocado por disolventes en un taller de pintura.

b) Un fuego ocasionado por una bombona de butano en una vivienda.

c) Un fuego ocasionado en una cocina de un restaurante por aceites y grasas acumuladas.

d) Un fuego originado por acumulación de maderas y tablones en el almacén de un taller de carpintería.

ACTIVIDAD 4

Ante el siguiente supuesto:

«Marta es administrativa en una empresa de recambios de automoción. Hace seis meses, la empresa implantó un nuevo sistema informático de gestión de pedidos (ERP). Desde entonces, Marta siente ansiedad; se equivoca más a menudo, y necesita más tiempo para hacer tareas que antes realizaba fácilmente. Además, fuera del horario laboral, recibe mensajes constantes por el móvil relacionados con el trabajo».

Determine el problema o daño detectado y los síntomas que padece, así como las causas y las medidas de prevención para adoptar.

ACTIVIDAD 5

Ante los supuestos que se describen a continuación, diga cuál es el agente físico que interviene y qué daño puede causar:

a) Un trabajador de una central nuclear expuesto a radiaciones ionizantes.

b) Una trabajadora en una cámara frigorífica.

c) Un agente de aduanas que trabaja en una oficina en la que hay poca iluminación.

d) Una trabajadora en una discoteca que trabaja de camarera en la barra.

U 3

Gestión de la prevención. Medidas de prevención y protección y técnicas básicas en primeros auxilios

En esta unidad va a estudiar:

- Gestión de la prevención
- Técnicas de prevención y protección
- Señalización de seguridad: tipos
- Técnicas básicas en primeros auxilios
- Botiquín

Con su estudio, va a ser capaz de:

- Conocer las diferentes formas de gestión de la prevención, la representación de los trabajadores y la importancia de la existencia de un plan de prevención en la empresa.

- Definir y diferenciar las medidas de prevención y protección que deben aplicarse, para evitar los daños en su origen y minimizar sus consecuencias, en caso de que sean inevitables.

- Demostrar la capacidad para aplicar las medidas de prevención y protección adecuadas en situaciones concretas.

- Interpretar el significado y alcance de los distintos tipos de señalización de seguridad, en especial en el sector profesional del título del ciclo formativo.

- Identificar las técnicas básicas en materia de primeros auxilios y la composición y uso del botiquín.

3.1 La gestión de la prevención

La gestión en la prevención de riesgos laborales debe anticiparse a las situaciones que puedan producirse en la empresa. Deben seguirse los principios de acción preventiva, y será obligatorio implantar un plan de prevención, que se integre en el sistema general de gestión de la empresa y en todos los niveles jerárquicos. Por ello, será el documento obligatorio donde se defina qué hacer, cómo, quién debe hacerlo y cuándo. Para ello, deben seguirse los principios de acción preventiva que vienen fijados en el artículo 15 de la LPRL:

1. Evitar los riesgos.

2. Evaluar los riesgos que no puedan evitarse.

3. Combatir los riesgos en su origen.

4. Adaptar el trabajo a la persona.

5. Tener en cuenta la evolución de la técnica.

6. Sustituir lo peligroso, por lo que entrañe poco o ningún peligro.

7. Planificar la prevención.

8. Adoptar las medidas donde se anteponga la protección colectiva a la individual.

9. Instruir a los trabajadores.

Es, por tanto, obligación del empresario planificar la acción preventiva desde una evaluación inicial, para saber a qué riesgos se enfrenta la empresa para adoptar las medidas oportunas.

Se deberán conocer las condiciones de cada puesto de trabajo. Se identificarán los riesgos mediante una *checklist* y se realizará inicial y periódicamente. Del resultado de la evaluación, se pondrán de manifiesto las situaciones de riesgo y, entonces, el empresario planificará la acción preventiva. Su objetivo será eliminar, controlar o reducir dichos riesgos.

La gestión supone también decir cómo se va a organizar la actividad preventiva. Se puede optar por distintas modalidades, dependiendo de la función principal de la actividad de la empresa y del número de trabajadores.

En cuanto a la **participación de los trabajadores,** serán los **delegados de prevención** los representantes de los trabajadores en la empresa con funciones específicas en materia de prevención de riesgos laborales. Sus competencias son: colaborar con la dirección, promover y fomentar la cooperación entre los trabajadores, ser consultados en materia de salud laboral y ejercer una labor de vigilancia y control.

El **comité de seguridad y salud** es el órgano paritario y colegiado de participación y consulta de las actuaciones de la empresa sobre prevención de riesgos laborales. Está formado por los delegados de prevención y por los representantes de la empresa.

Figura 3.1
Modalidades de organización de la prevención.

PARA SABER MÁS

Para determinar el número de delegados de prevención que tiene la empresa, se atiende al número de trabajadores en plantilla. Véase el cuadro inferior.

Número de trabajadores	Número de delegados de personal
DE 10 A 49	1
DE 50 A 100	2
DE 101 A 500	3
DE 500 A 1000	4
DE 1001 A 2000	5
DE 2001 A 3000	6
DE 3001 A 4000	7
DE 4001 EN ADELANTE	8

3.2 Medidas de prevención y protección

Como hemos visto, en el trabajo estamos expuestos a riesgos que pueden ocasionar daños para la salud y que es una obligación por parte de la empresa la protección eficaz de sus trabajadores.

Para ello, la empresa puede utilizar dos tipos de técnicas:

- De prevención
- De protección

3.2.1 Técnicas de prevención

Las técnicas de prevención actúan directamente sobre los riesgos, a fin de evitar que lleguen a materializarse. Son diferentes, pero complementarias; es decir, actúan en un primer momento y se pueden utilizar varias técnicas a la vez.

PARA RECORDAR

La prevención será el conjunto de medidas adoptadas o previstas en todas las fases de la actividad de la empresa, dirigidas a evitar la aparición de riesgos laborales.

Son algunos ejemplos de medidas técnicas: la selección de equipos y diseños adecuados, la sustitución de productos peligrosos, el aislamiento del proceso, el mantenimiento, el orden y la limpieza, la ventilación, los sistemas de alarma y el encerramiento del trabajador.

De medidas organizativas sería el caso de la rotación del personal, la formación e información y el control médico.

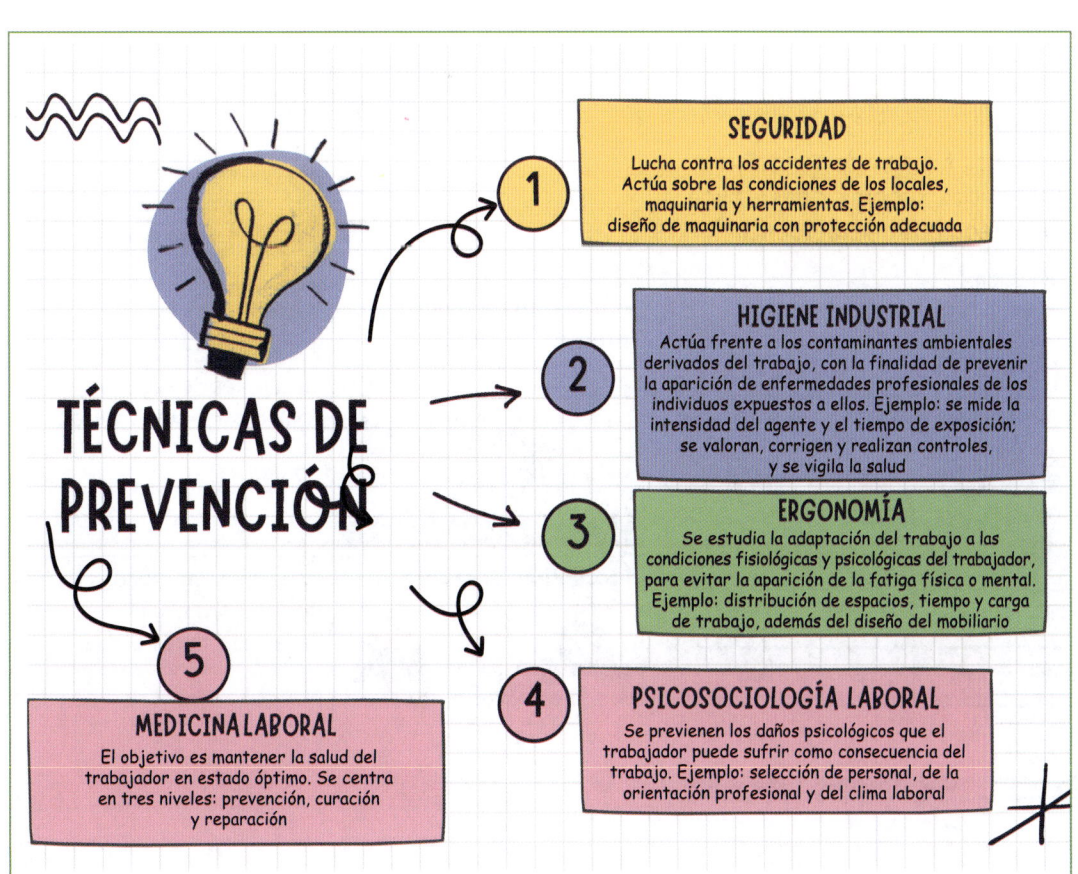

Figura 3.2 Técnicas de prevención.

3 | Gestión de la prevención. Medidas de prevención y protección y técnicas básicas en primeros auxilios

---

3.2.2 Técnicas de protección

Actúan sobre las consecuencias de los riesgos, para reducirlas o eliminarlas.

Se aplican contra los riesgos que no han podido evitarse o eliminarse totalmente.

Pueden ser colectivas o individuales, pero se señala que habrá que adoptar medidas donde se anteponga la protección colectiva a la individual.

A. MEDIDAS DE PROTECCIÓN COLECTIVA

Serán todas aquellas medidas cuyo objetivo es la protección simultánea de varios trabajadores expuestos a un determinado riesgo; podrían ser, por ejemplo, los resguardos en las máquinas, los dispositivos de seguridad, las barandillas, las redes de seguridad, las plataformas circundantes, la ventilación, la señalización, etc.

Señalización

Las señales de prevención de riesgos laborales se clasifican, principalmente, por su forma y color, indicando diferentes tipos de advertencias, prohibiciones, obligaciones o información sobre equipos de emergencia.

Figura 3.3 Tipos de señalización.

SEÑALES EN FORMA DE PANEL
REAL DECRETO 485/1997

	ADVERTENCIA	PROHIBICIÓN	OBLIGACIÓN	EQUIPOS DE LUCHA CONTRA INCENDIOS	SALVAMENTO O SOCORRO
Forma	triangular	redonda	redonda	rectangular o cuadrada	rectangular o cuadrada
Color fondo	amarillo	blanco	azul	rojo	verde
Pictograma y bordes	negro	pictograma negro y borde y franja rojos	blanco	blanco	blanco

NI FU NI FOL

B. MEDIDAS DE PROTECCIÓN INDIVIDUAL

Se trata de todos aquellos equipos que están destinados a ser llevados o sujetados por el trabajador para protegerlo de uno o varios riesgos que puedan amenazar su seguridad y salud. Todos los EPI deben llevar marcado CE. Deben ser facilitados por el empresario y de forma gratuita. Pero el trabajador, a su vez, debe cuidarlos y utilizarlos correctamente.

Figura 3.4 Tipos de EPI.

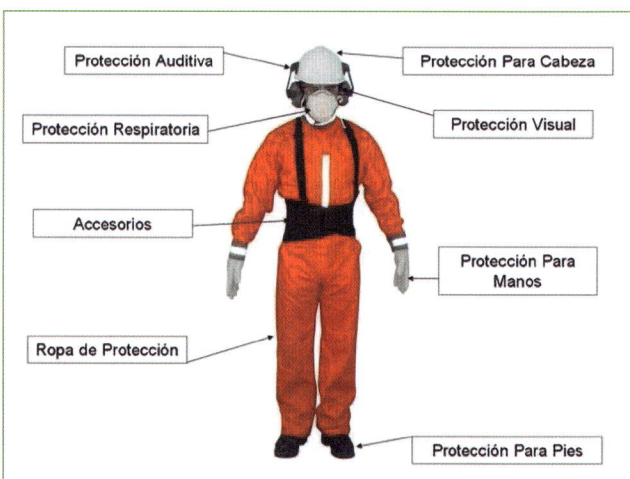

Protección total del cuerpo	Ropa de trabajo. Contra caídas: arnés, cinturones de seguridad, chalecos, mandiles, petos, etc.

Protección de cabeza	Cascos de seguridad, gorros, gorras, sombreros, caperuzas, redes, etc.

Figura 3.4 (Continuación).

Protección de oído 	Tapones u orejeras

Protección de ojos, cara y piel	Gafas, pantallas y cremas de protección
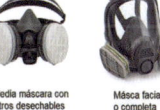	
Protección de las vías respiratorias	Equipos filtrantes
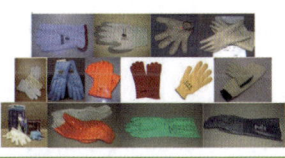Media máscara autofiltrante Media máscara con filtros desechables Máscara facial o completa	
Protección de manos	Guantes, manoplas y manguitos

Protección de pies y piernas	Calzado de seguridad, polainas y rodilleras

EJERCICIO 3

Determine, en cada una de las siguientes ocupaciones, los EPI que serán necesarios:

a) Taller de electromecánica: reparación del sistema de frenos de un coche.

b) Construcción: albañil colocando ladrillos en una obra.

c) Pintura industrial: trabajador pintando estructuras metálicas con pintura en espray.

d) Laboratorio químico: manipulación de ácidos para análisis.

e) Carpintería: uso de sierra eléctrica para cortar madera.

PARA RECORDAR

Al hablar de protección, nos referimos al conjunto de medidas tendentes a eliminar, minimizar o disminuir los daños que pueden ocasionar sobre los trabajadores los diferentes riesgos previstos. Serán colectivas, por ejemplo, los resguardos, las barandillas, las plataformas, las redes de seguridad, los interruptores diferenciales o la señalización de riesgos. Serán individuales los equipos de protección individual ya estudiados anteriormente.

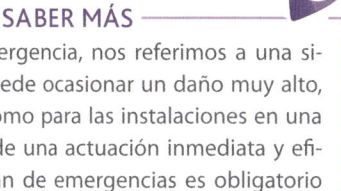

PARA SABER MÁS

Cuando hablamos de emergencia, nos referimos a una situación repentina, que puede ocasionar un daño muy alto, tanto para las personas como para las instalaciones en una empresa, y que requiere de una actuación inmediata y eficaz para su control. El plan de emergencias es obligatorio para todas las empresas y, en él, se recopilan las medidas de prevención y protección ya realizadas o previstas para evitar accidentes y las actuaciones en caso de siniestro.

3.3 Técnicas básicas en primeros auxilios

Cuando hablamos de primeros auxilios, nos referimos a aquellas actuaciones iniciales ante un accidentado, en el mismo lugar y hasta que llegue la asistencia especializada. De no atender, no auxiliar o no pedir ayuda a un tercero, en el caso de que una persona se encuentre en situación de peligro, se estaría ante un delito: el de omisión del deber de socorro. Sus objetivos serán:

- Evitar la muerte.
- Impedir el agravamiento de las lesiones.
- Evitar más lesiones de las ya producidas.
- Aliviar el dolor.
- Evitar infecciones o lesiones secundarias.
- Ayudar a la recuperación del lesionado.

3.3.1 Pauta general de actuación (PAS)

De una rápida actuación dependerá la vida o la muerte de una persona o que su situación empeore. Por este motivo, en la empresa, los trabajadores deben estar entrenados para saber cómo actuar.

Figura 3.5 Conducta PAS.

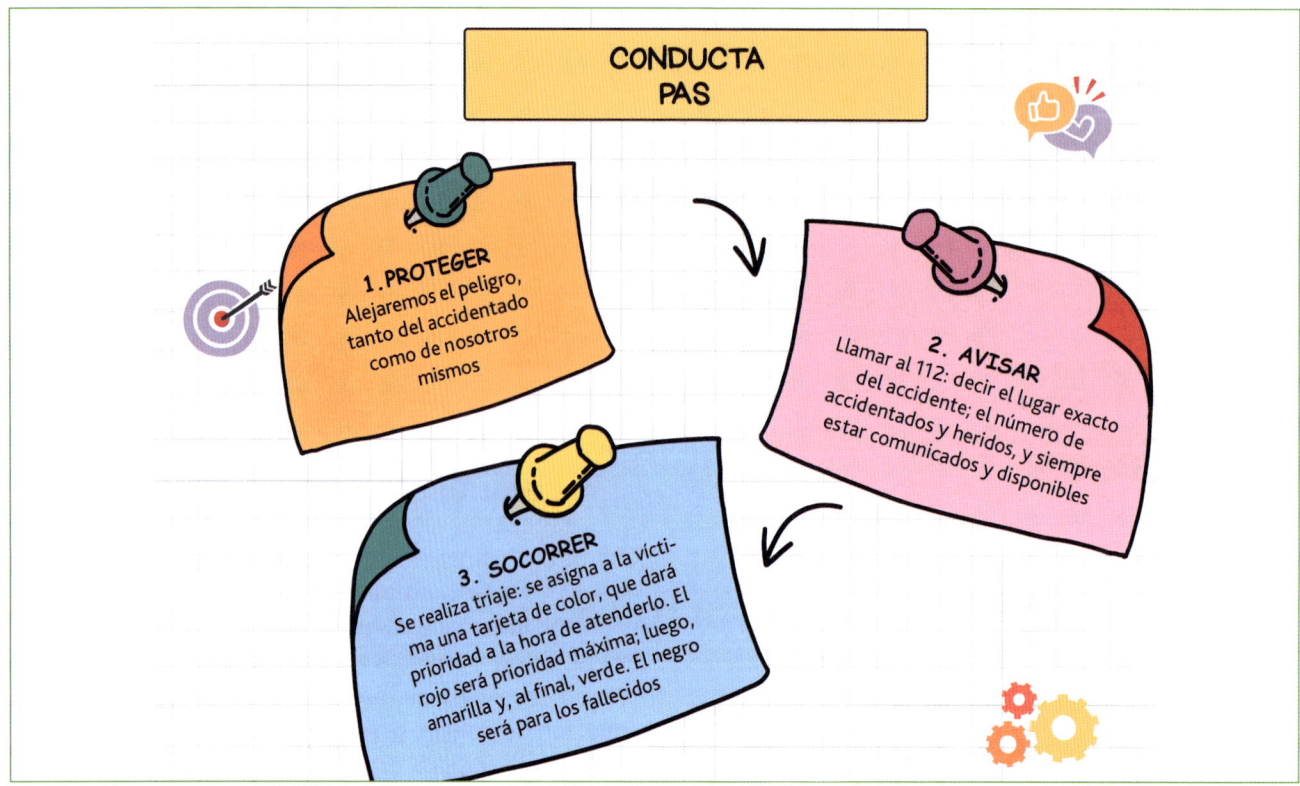

3.3.2 Técnicas de actuación ante diferentes situaciones

Hemos visto que la vida o la muerte de una persona accidentada depende de cómo actuamos, de la rapidez y de la diligencia.

Una vez fuera de peligro el accidentado, se deben realizar unas pautas de actuación ante diversas situaciones.

3.3.2.1 Traumatismos

Una de las causas principales de accidentes laborales son las provocadas por caídas a un mismo nivel o de distinto nivel, los golpes y los choques.

EJERCICIO 4

En una empresa, un trabajador ha caído de diferente altura, con tan mala suerte que ha sufrido un esguince en el tobillo. Determine las técnicas básicas en primeros auxilios que debe practicarle.

Figura 3.6 Tipos de traumatismos.

Tipo	Actuación
Contusión Lesión de tejidos blandos causada por golpe directo de un agente externo	Aplicar hielo o paños humedecidos con agua fría sobre la zona afectada durante períodos de 100 minutos y descansos de 15 y 20 minutos Reposo y elevación de la zona afectada Si aparece una deformidad en la zona, no manipular En contusiones graves, inmovilizar la zona y evacuar al herido a un centro hospitalario
Esguince Lesión por distensión de los ligamentos articulares	

Figura 3.6 (Continuación).

Tipo	Actuación
Luxación Dislocación del hombro Normal / Dislocación Anterior / Dislocación Posterior Separación de dos extremos de los huesos en el lugar donde se encuentran en una articulación	Nunca intentar reducirla. Forzar al accidentado, para que mueva la articulación. Aplicar pomadas antiinflamatorias o dar analgésicos
Fracturas Abierto / Cerrado Ruptura total o parcial del hueso. Puede ser abierta, cuando el hueso asoma por herida en la piel, o cerrada	Inmovilización • Reducir el movimiento • Evitar el empeoramiento de la fractura • Prevenir complicaciones, por daños de estructuras vecinas • Aliviar el dolor • Evitar el *shock* • Utilizar férulas, cabestrillos o miembro sano para la inmovilización • En el caso de heridas, protegerlas con gasas, para evitar infecciones

3.3.2.2 Heridas

Una «herida» es una discontinuidad en la piel. Al romperse esta, su capacidad protectora disminuye y se incrementa el riesgo de infecciones.

Figura 3.7 Tipos de heridas.

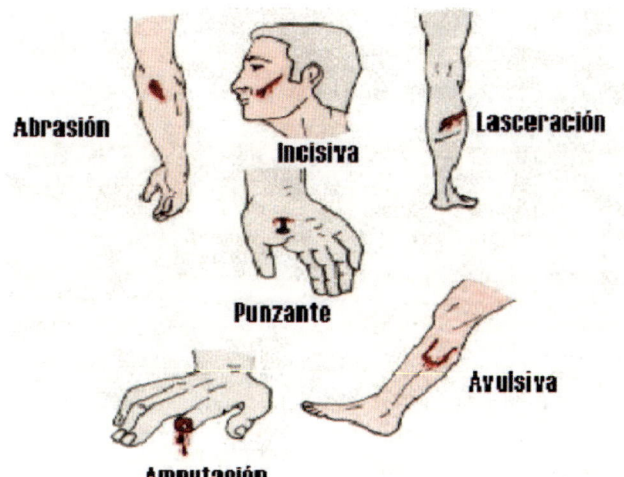

Figura 3.7 (Continuación).

Herida incisa	Herida punzante	Herida contusa
Los objetos que las producen tienen filo. Tienen bordes regulares limpios. Sangran mucho, aunque son poco profundas y se infectan poco	Causadas por objetos con punta. Son pequeñas y profundas. Sangran poco, pero se infectan mucho	Producidas por golpes de objetos que no tienen ni punta ni filo (puñetazo o martillazo). De bordes y sangrado irregular. Se suelen infectar y complicar

Lo que *NUNCA DEBEMOS HACER EN CASO DE HERIDAS*

- Manipularlas, a no ser que sean superficiales.
- Limpiarlas con algodón, pañuelos o servilletas de papel.
- Utilizar alcohol o lejía.
- Emplear pomadas o polvos con antibióticos.
- Utilizar antisépticos colorantes.
- Extraer cuerpos extraños enclavados.
- Manipularlas con las manos sucias o ponerlas en contacto con objetos en un estado higiénico inadecuado.

EJERCICIO 5
Una compañera ha sufrido una herida en la mano al clavarse una grapa. Diga qué tipo de herida es, cómo actuaría y qué es lo que no debe hacer nunca ante esta situación.

3.3.2.3 Hemorragias

Son la salida de sangre fuera del sistema circulatorio. El cuerpo humano tiene unos cinco litros en total, u ochenta centímetros cúbicos por kilogramo; por lo tanto, en un adulto, la pérdida de sangre de:

- Medio litro: es tolerado.
- Litro y medio: puede producir *shock* hipovolémico y muerte.
- Más de tres litros: produce la muerte rápidamente por colapso.

Figura 3.8 Tipos de hemorragias.

Hemorragia externa	Hemorragia interna	Hemorragia exteriorizada
La sangre sale del organismo	La sangre sale del aparato circulatorio, para alojarse en una cavidad	Siendo la hemorragia interna, la sangre sale por orificios naturales

Figura 3.9 Tipos de hemorragias por vaso sanguíneo afectado.

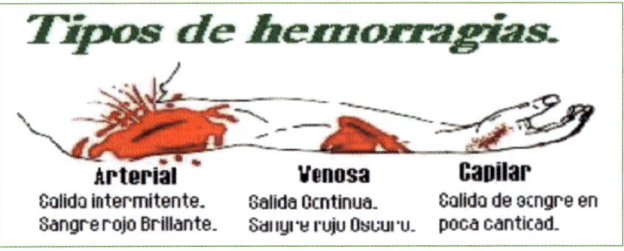

Figura 3.10 Actuación ante una hemorragia externa.

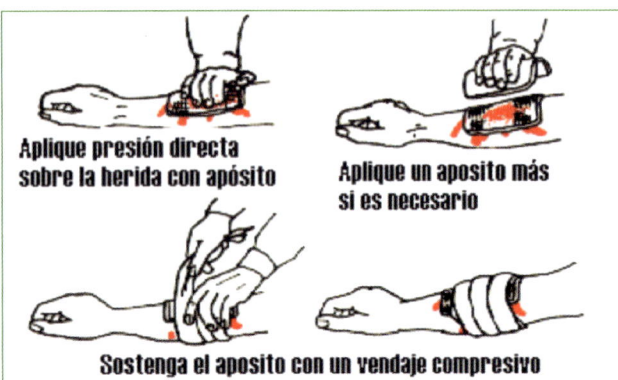

Por último, si no fuera posible la compresión y, en casos excepcionales, se aplicaría el **torniquete.** Las pautas serían:

- Ejecutarlo en el extremo proximal del miembro afectado (lo más cerca posible del tronco o del abdomen, según se trate del brazo o de la pierna, respectivamente).
- Utilizar una banda ancha.
- Anotar la hora de colocación.
- Ejercer solo la presión necesaria para detener la hemorragia.
- No aflojarlo nunca.

Figura 3.11 Torniquete.

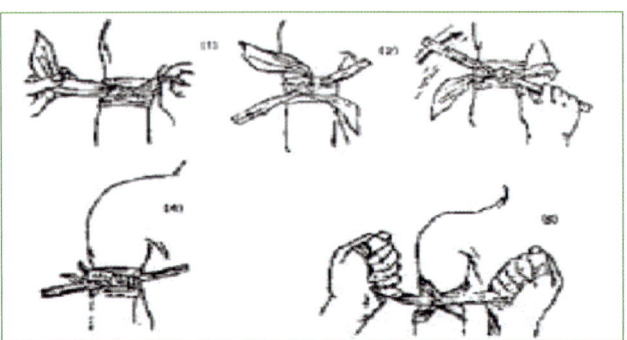

PARA RECORDAR

En caso de hemorragias externas, no se deben quitar las gasas empapadas ni practicar torniquetes, salvo en los casos indicados.

Las **hemorragias internas** son difíciles de detectar y siempre precisan tratamiento médico urgente. Podemos sospechar una hemorragia interna por la existencia de fuertes traumatismos con síntomas y signos de fallo circulatorio.

Deben tomarse medidas de soporte vital básico (vigilar consciencia, respiración y pulso, etc.), hasta la llegada de la atención especializada o hasta proceder a la evacuación urgente, preferentemente en ambulancia, controlando siempre los signos vitales (consciencia, respiración, circulación, etc.).

Figura 3.12 Tipos de hemorragias exteriorizadas.

Epitaxis	Otorragia
Por la nariz, como consecuencia de trauma, subida de tensión o dilataciones de las venas nasales hasta su ruptura	Salida de sangre por el oído: signo indirecto de fractura de la base del cráneo en traumatizados
Actuación: presión directa sobre tabique nasal (cinco minutos) Cabeza inclinada hacia delante	**Actuación:** no taponar el oído sangrante No limpiar la sangre Soporte vital básico: no dejarle mover la cabeza, no darle de beber ni comer, abrigarlo, vigilar la respiración, etc. Contactar con un servicio especializado de forma urgente

PARA RECORDAR

En una hemorragia de oído, nunca se debe intentar detener la hemorragia.

No se debe poner la cabeza hacia atrás en el caso de una epitaxis, porque provocamos la deglución de la sangre.

EJERCICIO 6

Un trabajador ha sufrido una caída a distinto nivel, se ha golpeado la cabeza y ha empezado a sangrar por el oído. Determine qué tipo de hemorragia se trata y cómo se debe proceder.

3.3.2.4 Quemaduras

Las «quemaduras» son lesiones de los tejidos blandos, producidas por agentes físicos (llamas, radiaciones, electricidad, etc.) o químicos.

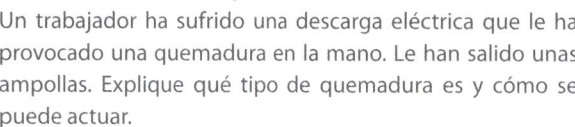

Figura 3.13 Tipos de quemaduras por su profundidad.

De primer grado	Afectan a la capa superficial de la piel (epidermis), que no resulta destruida, sino simplemente irritada
	Provocan dolor y enrojecimiento
	La curación es espontánea, de tres a cuatro días. Sería el caso de las quemaduras solares
De segundo grado	Profundas y afectan a la epidermis
	Se caracterizan por la aparición de ampollas rojizas y húmedas, llenas de un líquido claro y cierto dolor. La curación con métodos adecuados se produce entre cinco y siete días
De tercer grado	Se produce una destrucción profunda de todas las capas de la piel, e incluso de tejidos más profundos
	Se caracterizan por una lesión de aspecto entre lo carbonáceo y el blanco nacarado, y por ser indoloras, debido a la destrucción de las terminaciones nerviosas de la zona

También podemos clasificarlas atendiendo a la **extensión de la superficie del cuerpo quemado.**

Figura 3.14 Tipos de quemaduras por su extensión.

Leve	Menos del 15 % de la superficie del cuerpo quemado (SCQ)
Moderada	Del 15 al 49 % de la SCQ
Grave	Del 50 al 69 % de la SCQ
Masiva	Más del 70 % de la SCQ

NO SE DEBE HACER NUNCA

- Aplicar pomadas, antisépticos con colorantes, remedios caseros, hielo o agua helada.

- Enfriar demasiado al paciente: solo la zona quemada.

- Romper o pinchar las ampollas. Las ampollas contienen un líquido que protege la zona de una posible infección.

- Comprimir la zona quemada con el vendaje.

- Correr cuando el cuerpo está en llamas.

- Despegar la ropa o cualquier otro elemento pegado al cuerpo.

- Vendar dedos juntos.

- Dejar sola a la víctima.

- Demorar el transporte al centro hospitalario.

EJERCICIO 7

Un trabajador ha sufrido una descarga eléctrica que le ha provocado una quemadura en la mano. Le han salido unas ampollas. Explique qué tipo de quemadura es y cómo se puede actuar.

3.3.2.5 Obstrucción de la vía aérea

Este tipo de obstrucción puede ocurrir debido a la comida o cualquier cuerpo sólido, y puede ser completa o incompleta.

La actuación será mediante la **maniobra de Heimlich,** que consiste en empujar el cuerpo extraño hacia la tráquea y hacia la salida, mediante la expulsión del aire que llena los pulmones. Se coloca un puño justo por encima del ombligo, con el pulgar contra el abdomen.

PARA RECORDAR

Nunca hay que golpear la espalda, ya que podríamos provocar una obstrucción completa o introducir más el cuerpo extraño.

Figura 3.15 Maniobra de Heimlich.

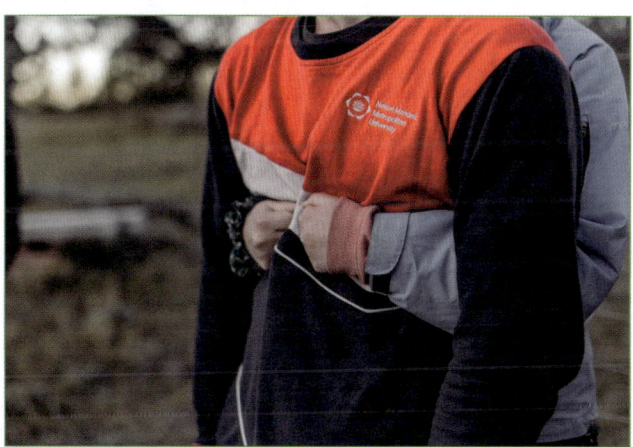

3.3.2.6 Otras situaciones con pérdidas de consciencia

En estas situaciones, estaríamos ante dos casos: las convulsiones y la lipotimia.

En el caso de las **convulsiones:**

1. Se ha de conservar la calma, tranquilizar a los presentes e impedir la aglomeración de personas alrededor.

2. 2Si es posible, el paciente debe permanecer en el lugar donde tiene la convulsión, hasta que haya cesado la fase activa.

3. En caso de que se produzca la caída del paciente y, si se llega a tiempo, se deben evitar lesiones a consecuencia de esta.

4. Retirar los muebles u objetos cercanos con los que pueda hacerse daño.

5. Protegerle la cabeza, colocándole algún objeto blando debajo (abrigo o chaqueta).

6. Desabrocharle el cuello de la camisa y aflojar aquellas prendas que pudieran causarle opresión.

7. Siempre que sea posible, se colocará al enfermo de lado, permitiendo que salgan de la boca la saliva y la mucosidad.

8. Se debe vigilar al enfermo hasta que finalice la crisis, para informar posteriormente al médico.

Figura 3.16 Posición lateral de seguridad (PLS).

Pautas	
	1. Colocamos a la persona tumbada boca arriba
	2. Se le flexiona el brazo del lado interno, para formar un ángulo recto con el cuerpo
	3. Con la pierna del lado interno recta, flexionamos la pierna del lado externo, hasta formar un ángulo con el cuerpo
	4. Giramos el cuerpo, hasta que quede de lado
	5. Se coloca el dorso de la mano del lado externo, bajo la mejilla

En caso de **lipotimia**

Se trata de un desmayo o síncope, que puede acarrear o no pérdida de conocimiento.

Lo primero que hay que hacer es ayudarlo a tenderse y levantarle las piernas sobre el nivel del corazón. En caso de que el espacio no ayude, hay que sentarlo en una silla, inclinarlo hacia delante y colocarle la cabeza entre las rodillas, el tórax o la cintura.

También es importante:

- Que corra el aire.
- Que no quede expuesto al sol.
- Que no se agolpe una multitud a su alrededor.
- Ponerle la cabeza de lado, para evitar que la lengua caiga y pueda obstruir la vía aérea, o por si vomita.
- No permitirle incorporarse rápidamente.
- No darle nada por la boca, hasta que haya recuperado el conocimiento completamente.

3.3.2.7 La reanimación cardiopulmonar

Ante una persona que no responde y no respira, podemos intuir que está en una parada cardíaco-respiratoria, puesto que se trata de un cese brusco de la actividad cardíaca y pulmonar.

Si en la empresa no se dispone de un desfibrilador externo, o no nos lo traen, deberemos aplicar la reanimación cardiopulmonar (RCP), que es la técnica que se utiliza para poner en marcha de nuevo el corazón.

Pasos para seguir

1. Observamos a consciencia.

2. Levantamos el cuello e inclinamos parcialmente la cabeza hacia atrás.

3. Levantamos el mentón.

4. Oprimimos la nariz y soplamos en la boca abierta.

5. Comprobamos la exhalación.

6. Nos arrodillamos al lado de la víctima, con espalda y brazos rectos.

7. Ponemos las manos por debajo del esternón.

8. Realizamos 2 insuflaciones y 30 compresiones.

9. No paramos, hasta que llegue la ayuda especializada, o hasta que la víctima se recupere, o si nosotros desfallecemos.

10. En caso de ser dos personas, nos turnamos.

11. Si tuviésemos en la empresa un desfibrilador, lo colocaremos, y lo aplicaremos y daremos una descarga. Continuaremos así hasta la recuperación.

12. Si el accidentado se recupera, deberemos ponerlo en posición lateral de seguridad.

Figura 3.17 Reanimación cardiopulmonar.

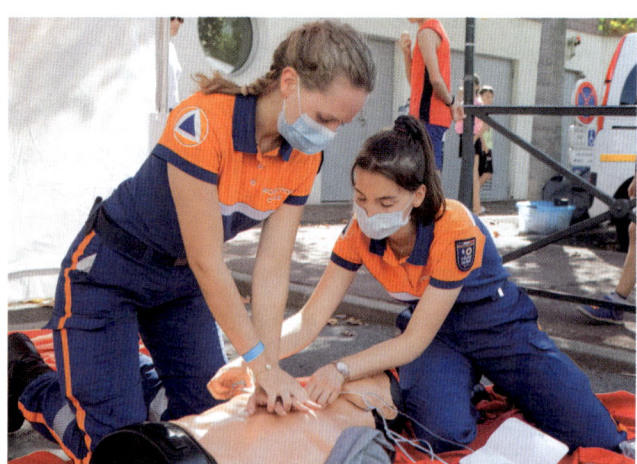

3.4 El botiquín

Hemos visto que todas las empresas deben dispensar auxilio a sus empleados, aunque dependerá del tipo de empresa, tamaño, actividad, cercanía o no a un centro hospitalario, disposición de una sala especial o, simplemente, un botiquín portátil. Eso sí, todas tendrán el botiquín portátil porque, así, es fácilmente desplazable al lugar del accidente. Tendrá que estar en lugar visible y señalizado y, además, debe ser revisado periódicamente. En principio, todo botiquín debe disponer de un contenido mínimo:

- Desinfectantes y antisépticos
- Gasas estériles
- Algodón hidrófilo
- Vendas
- Esparadrapo
- Apósitos adhesivos

- Tijeras
- Pinzas
- Guantes desechables

Figura 3.18 El botiquín portátil.

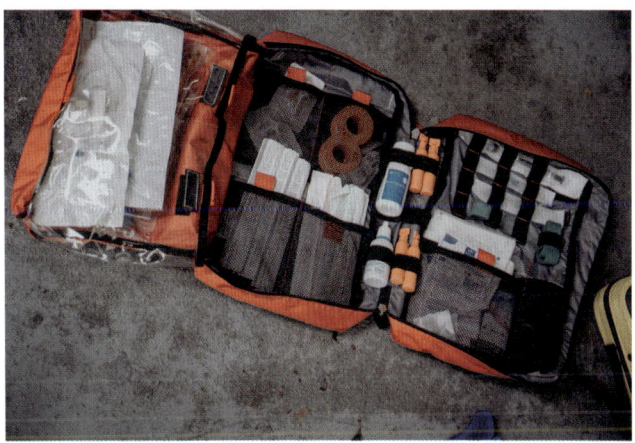

Reto profesional

Practique, junto a su compañero de clase, la maniobra de Heimlich y la posición lateral de seguridad. Para ello, primero haga un esquema con los pasos que seguir y, después, póngalo en práctica.

Mapa conceptual

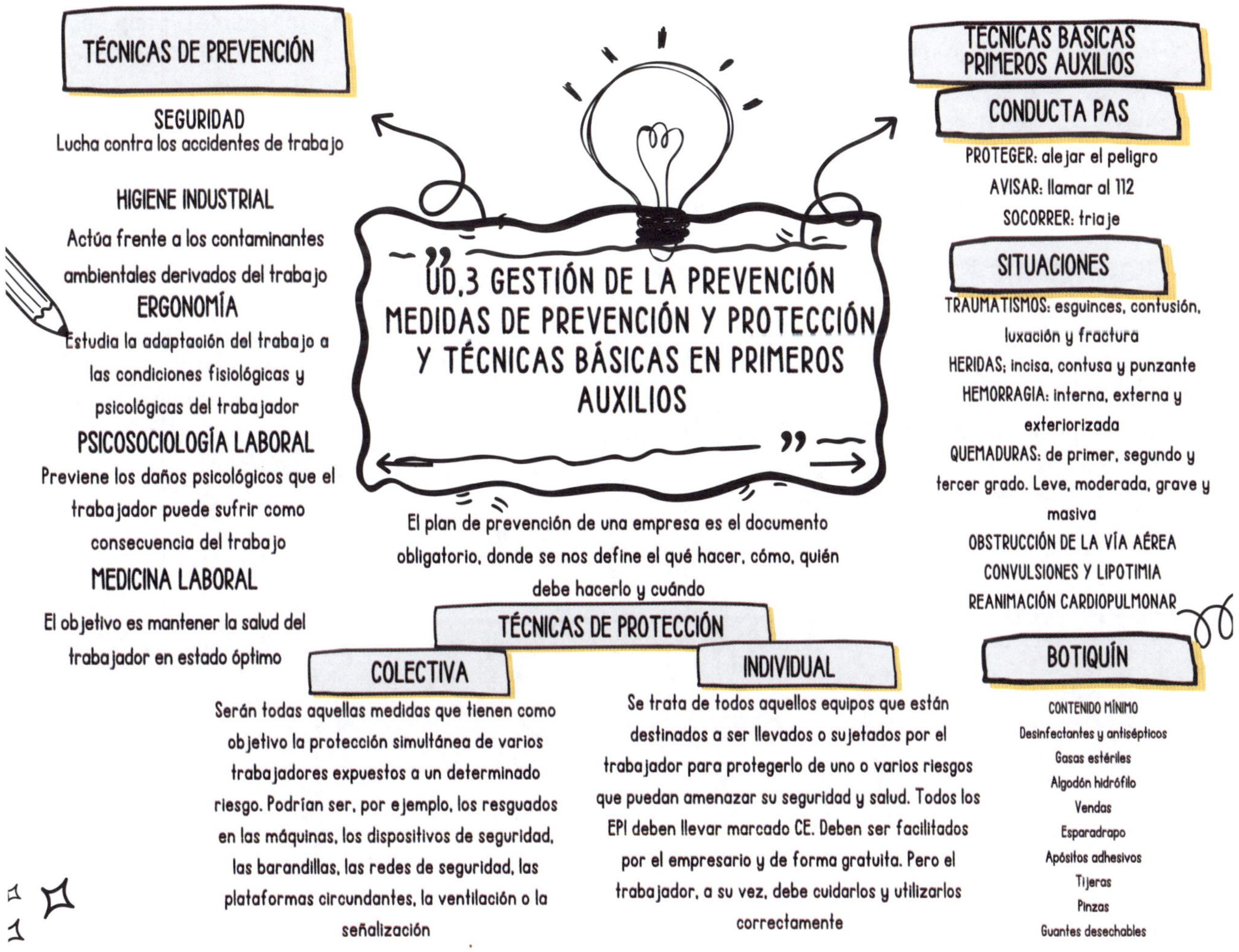

TÉCNICAS DE PREVENCIÓN

SEGURIDAD
Lucha contra los accidentes de trabajo

HIGIENE INDUSTRIAL
Actúa frente a los contaminantes ambientales derivados del trabajo

ERGONOMÍA
Estudia la adaptación del trabajo a las condiciones fisiológicas y psicológicas del trabajador

PSICOSOCIOLOGÍA LABORAL
Previene los daños psicológicos que el trabajador puede sufrir como consecuencia del trabajo

MEDICINA LABORAL
El objetivo es mantener la salud del trabajador en estado óptimo

UD.3 GESTIÓN DE LA PREVENCIÓN MEDIDAS DE PREVENCIÓN Y PROTECCIÓN Y TÉCNICAS BÁSICAS EN PRIMEROS AUXILIOS

El plan de prevención de una empresa es el documento obligatorio, donde se nos define el qué hacer, cómo, quién debe hacerlo y cuándo

TÉCNICAS DE PROTECCIÓN

COLECTIVA
Serán todas aquellas medidas que tienen como objetivo la protección simultánea de varios trabajadores expuestos a un determinado riesgo. Podrían ser, por ejemplo, los resguados en las máquinas, los dispositivos de seguridad, las barandillas, las redes de seguridad, las plataformas circundantes, la ventilación o la señalización

INDIVIDUAL
Se trata de todos aquellos equipos que están destinados a ser llevados o sujetados por el trabajador para protegerlo de uno o varios riesgos que puedan amenazar su seguridad y salud. Todos los EPI deben llevar marcado CE. Deben ser facilitados por el empresario y de forma gratuita. Pero el trabajador, a su vez, debe cuidarlos y utilizarlos correctamente

TÉCNICAS BASICAS PRIMEROS AUXILIOS

CONDUCTA PAS
PROTEGER: alejar el peligro
AVISAR: llamar al 112
SOCORRER: triaje

SITUACIONES
TRAUMATISMOS: esguinces, contusión, luxación y fractura
HERIDAS: incisa, contusa y punzante
HEMORRAGIA: interna, externa y exteriorizada
QUEMADURAS: de primer, segundo y tercer grado. Leve, moderada, grave y masiva
OBSTRUCCIÓN DE LA VÍA AÉREA
CONVULSIONES Y LIPOTIMIA
REANIMACIÓN CARDIOPULMONAR

BOTIQUÍN
CONTENIDO MÍNIMO
Desinfectantes y antisépticos
Gasas estériles
Algodón hidrófilo
Vendas
Esparadrapo
Apósitos adhesivos
Tijeras
Pinzas
Guantes desechables

RESUMEN

■ El plan de prevención de una empresa es el documento obligatorio, donde se nos define qué hacer, cómo, quién debe hacerlo y cuándo.

■ Para organizar la actividad preventiva, se puede optar por distintas modalidades, dependiendo de la función principal de la actividad de la empresa y del número de trabajadores. Puede ser por el propio empresario, la designación de trabajadores, el servicio de prevención propio, el servicio de prevención ajeno o el servicio mancomunado.

■ La participación de los trabajadores será por medio de los delegados de prevención. El Comité de Seguridad y Salud es el órgano paritario y colegiado de participación y consulta de las actuaciones de la empresa sobre prevención de riesgos laborales. Está formado por los delegados de prevención y por los representantes de la empresa.

■ La empresa puede establecer técnicas de prevención y de protección.

■ Las técnicas de prevención son diferentes, pero complementarias. Son la seguridad, la higiene en el trabajo, la ergonomía, la psicosociología y la medicina del trabajo.

■ Las técnicas de protección se aplican contra los riesgos que no han podido evitarse o eliminarse totalmente. Pueden ser colectivas o individuales, pero se señala que habrá que adoptar medidas que antepongan la protección colectiva a la individual.

■ Los primeros auxilios son las actuaciones iniciales ante un accidentado en el mismo lugar, hasta que llegue la asistencia especializada.

■ Deberemos seguir la pauta de actuación PAS para practicar los primeros auxilios: proteger, avisar y socorrer.

■ Las empresas deben tener obligatoriamente un botiquín portátil.

■ Debemos saber cómo actuar ante diversas situaciones que pueden ocurrir en la empresa a causa de un accidente. Así, deberemos diferenciar, en un traumatismo, si se trata de una contusión, un esguince, una luxación o una fractura. En la contusión y el esguince, aplicando hielo en la zona, podremos ayudar al accidentado. En la luxación, nunca debemos intentar poner el hueso en su sitio y, en la fractura, deberemos inmovilizar el miembro fracturado.

■ En cuanto a las heridas, procederemos a hacer una primera cura, limpiando la herida, y no quitaremos nunca ningún cuerpo enclavado. En las hemorragias, deberemos identificar de qué tipo son y comprimiremos para taponarla, pero solo usaremos el torniquete en casos excepcionales.

■ En las quemaduras, debemos diferenciar los tipos por su gravedad y por la extensión de la zona afectada. Es importante y recomendable saber qué es lo que no se puede hacer bajo ningún concepto.

■ La obstrucción de la vía aérea puede ser completa o incompleta, y deberemos practicar la maniobra de Heimlich.

■ Se puede dar el caso de que el accidentado haya sufrido una lipotimia, o de que tenga convulsiones. En este caso, es recomendable proteger al accidentado, para que no sufra ningún riesgo mayor, bien por una caída o por golpes con otros objetos.

■ Es importante saber practicar una reanimación cardiopulmonar, ya que no en todos los centros de trabajo se dispone de un desfibrilador. La reanimación puede salvar la vida de una persona mientras llega la ayuda externa. Una vez empecemos a practicarla, no podremos parar salvo que el accidentado se recupere, se muera o nosotros nos hayamos desmayado por el esfuerzo. Una vez nos hallamos recuperado, esperaremos la ayuda externa colocando al accidentado en posición lateral de seguridad.

TEST DE EVALUACIÓN

1. **Los equipos de protección individual:**
   a) Son todos aquellos equipos que no están destinados a ser llevados o sujetados por el trabajador para protegerlo.
   b) No deben llevar marcado CE.
   c) Son todos aquellos equipos destinados a ser llevados o sujetados por el trabajador, para protegerlo de uno o varios riesgos, que puedan amenazar su seguridad y salud.
   d) Todas son falsas.

2. **Una señal verde es:**
   a) De peligro.
   b) De salvamento o auxilio.
   c) De obligación.
   d) De advertencia.

3. **Son equipos de protección individual:**
   a) Guantes.
   b) Gafas protectoras.
   c) Botas.
   d) Todas las anteriores.

4. **El «triaje» es una técnica que se utiliza para:**
   a) Avisar a la policía.
   b) Atender a los accidentados.
   c) Priorizar a los heridos, en caso de accidente múltiple.
   d) Todas son correctas.

5. **La maniobra de Heimlich se utiliza para:**
   a) Cortar una hemorragia.
   b) Practicar la RCP.
   c) Desobstruir la vía aérea.
   d) Todas las anteriores.

6. **El torniquete:**
   a) Se debe usar siempre.
   b) Solo se usará en casos excepcionales.
   c) Se aflojará continuamente.
   d) Todas las anteriores.

7. **Ante una quemadura:**
   a) Reventaremos las ampollas.
   b) Quitaremos la ropa quemada.
   c) Refrescaremos la zona quemada.
   d) Pondremos crema.

8. **Una quemadura leve cubre:**
   a) Del 15 al 49 % de la SCQ.
   b) Menos del 15 % de la SCQ.
   c) Del 50 al 69 % de la SCQ.
   d) Más del 70 % de la SCQ.

9. **La maniobra frente-mentón se utiliza para:**
   a) Expulsar un cuerpo extraño por un atragantamiento.
   b) Curar una hemorragia.
   c) Poder practicar la RCP.
   d) Todas son correctas.

10. **Las siglas PLS significan:**
    a) Prevención límite de socorro.
    b) Protección límite de socorro.
    c) Protección lateral de seguridad.
    d) Posición lateral de seguridad.

ACTIVIDADES

ACTIVIDAD 1

Para un trabajador en la construcción, que es peón albañil, determine cuáles serían los equipos de protección individual más adecuados.

ACTIVIDAD 2

Ante las situaciones que enumeramos, diga que técnica de prevención sería la más adecuada y por qué:

- Instalaciones viejas y anticuadas.

- Poca iluminación en el local.

- Trabajadora en una residencia sin ayuda mecánica.

- Trabajador de una cadena de montaje con una titulación superior, que hace un trabajo que no le gusta.

ACTIVIDAD 3

Explique qué deberemos hacer ante un accidente de un compañero que se ha caído de una escalera, provocándole una fractura abierta en la pierna.

ACTIVIDAD 4

Una trabajadora de una charcutería se corta en la mano con un cuchillo. A primera vista, parece algo superficial, pero, al rato, empieza a sangrar de forma abundante. Diga cómo deberemos actuar.

ACTIVIDAD 5

Un trabajador sufre una lipotimia por trabajar a gran temperatura. Indique cómo debemos actuar.

U 4

El autoconocimiento y la identidad personal

En esta unidad va a estudiar:

- El autoconocimiento: sus componentes, fases y herramientas.

- La identidad personal: imagen proyectada e imagen percibida, buenas prácticas y redes sociales.

- La autoestima como herramienta para el crecimiento personal y mejora de la empleabilidad.

- Estrategias para el aprendizaje y desarrollo de habilidades sociales y de comunicación.

Con su estudio, va a ser capaz de:

- Desarrollar actividades de autoconocimiento, que permitan orientar a campos profesionales.

- Evaluar los propios intereses, motivaciones, habilidades y destrezas en el marco de un proceso de autoconocimiento.

- Determinar las competencias personales y sociales con valor para el empleo.

- Valorar el concepto de autoestima.

- Identificar las fortalezas y debilidades, amenazas y oportunidades propias para la inserción profesional.

4.1 El autoconocimiento

El «autoconocimiento» es la capacidad de analizar y comprender aspectos personales como:

- Habilidades y competencias
- Intereses y preferencias
- Valores personales
- Estilo de aprendizaje
- Fortalezas y debilidades
- Motivaciones internas

Conocerse a uno mismo implica hacerse preguntas como:

«¿Qué disfruto hacer?»

«¿En qué tareas destaco?»

«¿Qué valores son importantes para mí en un trabajo?»

«¿Qué me impulsa a esforzarme?»

4.1.1 Componentes del autoconocimiento personal

Hay una serie de componentes que se relacionan entre sí y forman una especie de «mapa interno», que cada persona debería conocer para:

- Tomar decisiones formativas y laborales conscientes.
- Mejorar su autoestima.
- Construir un proyecto de vida realista, coherente y motivador.

Figura 4.1 Componentes del autoconocimiento personal.

Rasgos de personalidad	Son las características psicológicas relativamente estables que definen cómo pensamos, sentimos y actuamos Ejemplo: responsabilidad, creatividad, empatía, etc.
Intereses	Son las áreas o actividades que nos llaman la atención, nos resultan agradables o nos generan curiosidad Ejemplo: interés por la naturaleza, los animales, la tecnología, el arte, el deporte, la lectura, los idiomas, etc.
Motivaciones	Son los impulsos internos que nos llevan a actuar. Pueden ser intrínsecas (por satisfacción personal) o extrínsecas (por recompensas externas) Ejemplo: lograr metas personales, ayudar a otros, tener independencia económica, etc.
Valores	Son principios y creencias que consideramos importantes y guían nuestras decisiones y comportamiento Ejemplo: justicia, responsabilidad, solidaridad, etc.
Hábitos	Son comportamientos que repetimos regularmente y que forman parte de nuestro estilo de vida. Ejemplo: ser puntual o estudiar de forma organizada

4.1.2 Fases del autoconocimiento

Por lo tanto, el «autoconocimiento» será el entendimiento y la comprensión que adquiere una persona sobre sí misma, ya que es un proceso de reflexión con varias fases.

Figura 4.2 Fases del autoconocimiento.

4.1.3 Herramientas del proceso de autoconocimiento

Como se ha comentado, el autoconocimiento no surge de forma automática, sino que requiere de reflexión, análisis y de apoyo externo. Las herramientas más eficaces para que una persona, especialmente en etapa educativa o de transición profesional, pueda conocerse mejor, son las que a continuación se detallan.

El **análisis FODA personal** constituye una técnica de planificación estratégica aplicada y empleada en el contexto personal. En ella, se analizan las debilidades, oportunidades, fortalezas y amenazas de las personas en el cumplimiento de sus metas individuales, y les permite comprender mejor su realidad, para establecer estrategias para la consecución de sus objetivos.

EJERCICIO 1

Lleve a cabo su propio análisis DAFO o FODA personal.

Determine las fortalezas que posee, la educación, la experiencia, los conocimientos técnicos, la actitud, las cualidades personales y las habilidades blandas, que le dan una ventaja competitiva sobre los demás. Las debilidades, aquellos puntos negativos que tiene, y las características que necesita mejorar, ya sea en su personalidad o educación, como en los conocimientos que debe mejorar, o en la experiencia laboral. Después, reflexione sobre las oportunidades y amenazas que se encuentran en el entorno. Le puede servir la siguiente plantilla para plasmarlo.

4.2 La identidad personal

La **identidad personal** es el conjunto de características, valores, creencias, experiencias, intereses y rasgos que hacen única a una persona y le permiten reconocerse como un individuo distinto de los demás.

Incluye tanto aspectos **internos** (cómo me veo, qué siento, qué creo, etc.) como **externos** (cómo me ven los demás, qué roles ocupo, qué decisiones tomo, etc.).

La identidad **no es algo fijo:** se va formando y transformando a lo largo de la vida, especialmente durante etapas clave, como la adolescencia o los momentos de cambio (cambio de estudios, empleo, mudanzas, etc.).

Es un **proceso activo**, influido por:

- La reflexión personal
- La interacción con otras personas
- Las experiencias vividas
- Las decisiones que se toman

EJEMPLO 1

Una persona que se describe como creativa, empática y comprometida, con causas sociales. Estas características forman parte de su identidad personal. ¿A qué profesiones le pueden orientar?

Solución:

Pueden orientarla hacia profesiones como:

- Psicología
- Trabajo social
- Educación
- Comunicación o artes con enfoque social

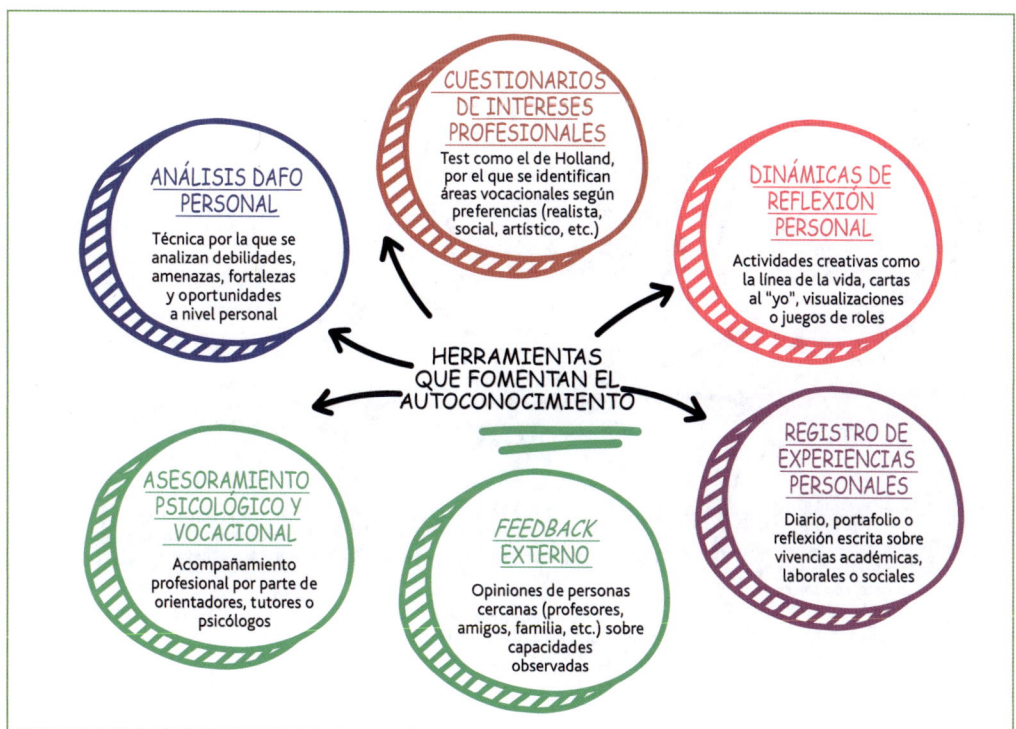

Figura 4.3 Herramientas para fomentar el autoconocimiento.

4.2.1 Percepción en relación con la propia imagen: imagen percibida e imagen proyectada

La **imagen personal** es la percepción que tenemos de nosotros mismos y la que los demás tienen sobre nosotros. Esta percepción puede dividirse en dos tipos:

1. Imagen percibida: es **cómo creemos que somos** o cómo nos vemos a nosotros mismos. Está relacionada con la autoestima, la autovaloración y el autoconcepto. Ejemplos: «Creo que soy tímido», «me veo responsable y comprometido» o «siento que no caigo bien a los demás».

2. Imagen proyectada: es **la imagen que transmitimos a los demás** a través de nuestra actitud, lenguaje corporal, forma de vestir, comunicación y comportamiento, tanto en entornos físicos como digitales. Ejemplo: en redes sociales, lo que publicamos forma parte de nuestra imagen proyectada.

Por este motivo, es importante destacar la **identidad digital,** puesto que es el conjunto de datos, acciones, publicaciones y huellas que dejamos en internet y que forman parte de cómo nos ven los demás en el entorno digital. Incluye:

- Información personal (nombre, foto, dirección de correo, etc.)
- Publicaciones en redes sociales
- Comentarios en foros o blogs
- Historial de navegación
- Perfil académico o profesional *online*

Los datos personales mal gestionados pueden dar lugar a suplantación de identidad, acoso o *ciberbullying,* estafas y fraudes, pérdida de privacidad, problemas reputacionales o laborales.

EJERCICIO 2

Marcos suele publicar fotos de sus salidas con amigos, vídeos de retos en TikTok y comentarios en cuentas públicas. Usa la misma contraseña para varias cuentas y tiene su perfil de Instagram público. Un día, un desconocido empieza a mandarle mensajes extraños por Instagram, tras haber publicado una foto con su equipo de fútbol, con el que entrena entre semana.

Determine qué buenas prácticas debe adoptar.

Uno de los mayores peligros y con consecuencias graves es el **robo de identidad digital,** tanto a nivel personal como financiero. Así, los usurpadores de identidad pueden desde realizar compras, abrir cuentas o solicitar créditos a crear perfiles falsos en redes sociales, robar información sensible, dañar su reputación, generarle problemas legales y un proceso largo, complicado y costoso para solucionar este problema. Aunque, para la víctima del robo de identidad, lo peor son las consecuencias de tipo emocional, como el estrés y la ansiedad.

GLOSARIO

El *phising* es una forma de ciberdelito. Los delincuentes intentan engañar a las personas para obtener información confidencial (contraseñas) o financiera (números de tarjeta de crédito), utilizando correos electrónicos fraudulentos, mensajes de texto, llamadas telefónicas o sitios web falsos.

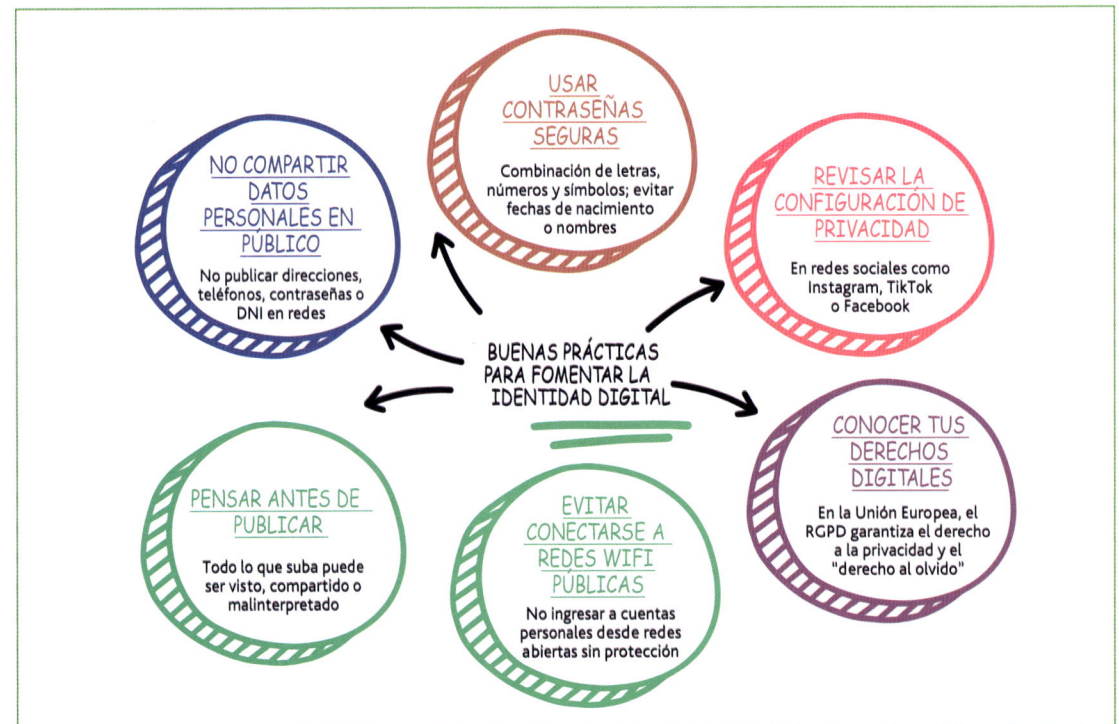

Figura 4.4
Buenas prácticas para proteger la identidad digital.

4.2.2 Las redes sociales

Las **redes sociales** son plataformas en línea que permiten crear perfiles personales o profesionales, para conectarse con otras personas, interactuar, compartir contenido y participar en comunidades virtuales. Ejemplos:

- Facebook: sirve para crear perfiles personales y compartir actualizaciones de estado, fotos y vídeos, así como para conectarse con amigos y familiares.

- Instagram: para compartir fotos y vídeos cortos, con filtros de imagen, historias temporales y seguimiento a otros usuarios, para ver su contenido.

- Twitter (actualmente X): servicio que permite a los usuarios publicar tuits cortos de hasta 280 caracteres, seguir otras cuentas y participar en conversaciones.

- LinkedIn: dirigido a profesionales, con conexiones laborales, búsqueda de empleo, compartición de contenido y participación en grupos de discusión.

- YouTube: plataforma de vídeo que permite a los usuarios cargar, ver, comentar y compartir vídeos sobre una amplia variedad de temas, desde entretenimiento hasta tutoriales y educación.

- Snapchat: aplicación de mensajería centrada en compartir fotos y vídeos cortos, que desaparecen después de ser vistos, con características como filtros de realidad aumentada y mensajes efímeros.

- TikTok: red social de vídeos cortos, donde los usuarios pueden crear y compartir clips de hasta 60 segundos, con una amplia gama de contenido creativo y entretenido.

Al usar redes sociales, la persona se ve expuesta a unos peligros asociados, como son el robo de identidad, el acoso, el hostigamiento y la intimidación en línea, la desinformación y manipulación, la adicción y dependencia o la exposición a contenido no apropiado. Puede generar un impacto en la salud mental, debido a un uso excesivo de redes sociales, derivando en problemas de salud mental, como la ansiedad, la depresión, la baja autoestima y la comparación social.

Para reducir estos riesgos, se deben utilizar las redes sociales de forma responsable, estableciendo límites de tiempo y, sobre todo, educarse en los riesgos asociados, para usarlas de forma segura y consciente.

4.3 La autoestima como herramienta para el crecimiento personal y mejora de la empleabilidad

Cuando hablamos de autoestima, es la **valoración que hacemos de nosotros mismos,** nuestras capacidades, actitudes y valía personal. Una autoestima sana nos permite confiar en nuestras decisiones, afrontar retos y aprender de los errores. Por lo tanto, tener una mentalidad de crecimiento significa que esa persona no teme equivocarse, busca mejorar constantemente, se adapta a los cambios y es más resiliente.

Si todo se relaciona con la empleabilidad, vemos que esa persona con buena autoestima y mentalidad de crecimiento personal se presenta con seguridad en entrevistas, aprende de sus errores laborales o académicos, está dispuesta a formarse y mejorar y acepta el cambio y la crítica constructiva.

Figura 4.5 Estrategias para mejorar la autoconfianza.

Estrategia	Descripción
Establecer metas alcanzables	Empezar con objetivos realistas y concretos ayuda a generar sensación de logro
Hablarse en positivo	Sustituir pensamientos como «no puedo» por «voy a intentarlo y mejorar»
Registrar logros	Anotar avances diarios refuerza la percepción de progreso
Aceptar cumplidos y reconocer méritos	Aprender a valorar los propios logros, sin sentirse culpable o «poco humilde»
Rodearse de personas que apoyan	Estar con personas que aportan confianza y evitar comparaciones tóxicas
Aprender de los errores	No verlo como fracaso, sino como parte del camino de mejora

4.3.1 Competencias personales y sociales más demandadas en el mercado laboral

Hoy día, no solo importa lo que sabe, **sino cómo se relaciona y actúa** en el entorno laboral.

Serán competencias personales:

- Responsabilidad
- Adaptabilidad
- Capacidad de aprendizaje
- Autonomía
- Gestión del tiempo
- Resiliencia

Serán competencias sociales:

- Trabajo en equipo
- Habilidades comunicativas
- Empatía
- Resolución de conflictos
- Escucha activa
- Liderazgo

Estas competencias son valoradas en **cualquier sector,** y mejorarlas lo hará más **empleable.**

Una excelente forma de conocerse mejor es aplicar la técnica **DAFO personal,** que comentamos al inicio de esta unidad. Para ello, analizamos de nosotros mismos, a nivel interno, nuestras **fortalezas** («¿qué se me da bien?») y nuestras **debilidades** («¿qué necesito mejorar?») y, a nivel externo, nuestras **oportunidades** («¿qué ventajas tengo en mi entorno?») y **amenazas** («¿qué me puede dificultar avanzar?»).

Es importante que cada persona se plantee sus **aspiraciones profesionales** y las transforme en **metas realistas y alcanzables.** Para ello, cabe plantearse qué se quiere ser o cómo uno se ve en cinco o diez años. Algunos ejemplos de metas serían:

De tipo académico, como terminar un ciclo de FP o bachillerato; de tipo profesional, como trabajar de mecánico; de tipo formativo, como aprender nuevos idiomas, o de tipo personal, como superar la timidez.

Para definir una meta eficaz, podemos usar el método SMART:

- **S:** específica («¿qué quiero lograr?»)
- **M:** medible («¿cómo sabré que lo he conseguido?»)
- **A:** alcanzable («¿es posible para mí?»)
- **R:** relevante («¿me acerca a mi proyecto de vida?»)
- **T:** temporal («¿cuándo quiero lograrlo?»)

Trabajar en la autoestima, el autoconocimiento, la autocrítica constructiva y la definición de metas claras permite a los jóvenes desarrollar una **mentalidad de crecimiento** y mejorar su **empleabilidad.** Es un proceso continuo, pero, cuanto antes se empiece, mayores serán las oportunidades de éxito y bienestar personal.

EJEMPLO 2

Meta profesional para un joven recién titulado en FP Básica de Electromecánica:

- Específico: conseguir un contrato como ayudante de mecánico en un taller especializado
- Medible: lograrlo en un plazo de seis meses tras finalizar la formación
- Alcanzable: aprovechar prácticas y contactos del centro educativo
- Relevante: el puesto se ajusta a la formación recibida y permite seguir aprendiendo
- Temporal: alcanzar el objetivo antes de diciembre de este año

---

EJERCICIO 5

Lucía, de dieciséis años, estudia formación profesional básica y su meta académica es estudiar un grado medio de Estética y Belleza. Su dificultad radica en que tiene **miedo escénico** y le cuesta **hablar en público**, lo que afecta a sus presentaciones orales y entrevistas. Aplique el método SMART para conseguir la siguiente meta: «Quiero mejorar mi forma de hablar en público para sentirme más segura en exposiciones y futuras entrevistas».

4.3.2 La importancia de las competencias personales y sociales para la mejora de la empleabilidad

La **empleabilidad** es la capacidad que tiene una persona para **conseguir, mantener y progresar** en un empleo a lo largo del tiempo. No depende solo de los conocimientos técnicos (saber hacer un trabajo), sino también de **cómo se es como persona y cómo se interactúa con los demás.**

Las competencias personales y sociales son fundamentales para la empleabilidad de cualquier sector de actividad. Estas competencias no solo complementan las habilidades técnicas, sino que también son importantes para la integración y el desempeño efectivo en el entorno laboral.

Por lo tanto, serán **competencias personales** las capacidades internas que tienen que ver con la forma de comportarse, pensar y organizarse, como la responsabilidad, resiliencia, iniciativa y gestión del tiempo. Serán **competencias sociales** las habilidades para relacionarse de forma adecuada y eficaz con otras personas, como la comunicación, la empatía, el trabajo en equipo o la resolución de conflictos.

Estas competencias son importantes para la empleabilidad, por las siguientes razones:

1. Ayudan a **acceder al primer empleo:** como ser puntual, educado y motivado, ya que genera una buena impresión en entrevistas.

2. Favorecen la **integración en equipos:** saber escuchar y colaborar evita conflictos y mejora la productividad.

3. Permiten **adaptarse a nuevos entornos:** la flexibilidad es clave para un mercado laboral cambiante.

4. Refuerzan la **imagen personal,** ya que la actitud positiva, la responsabilidad y el compromiso son muy valorados.

5. Mejoran la **capacidad de aprendizaje** puesto que, al estar motivado y saber organizarse, se promueve aprender tareas nuevas con rapidez.

6. Influyen en la **promoción o ascenso,** ya que un líder destaca por sus habilidades interpersonales.

En conclusión, las competencias personales y sociales **marcan la diferencia** entre dos personas con la misma formación técnica. Son habilidades que se **pueden desarrollar** con práctica, reflexión y experiencia, y son fundamentales para:

- Entrar en el mundo laboral
- Mantener el empleo
- Crecer profesionalmente
- Afrontar cambios y desafíos con éxito

EJEMPLO 3

Iván, con diecisiete años, ha terminado su FP básica de servicios administrativos. Ya tiene su primer empleo: auxiliar de oficina, en una pequeña empresa de mensajería local, a media jornada. Sus tareas son archivar documentos, atender llamadas de clientes, ayudar en tareas sencillas de facturación y coordinar entregas con los repartidores. Determine las competencias personales y sociales que se desarrollan y su aplicación en el trabajo.

Solución:

Competencias	Aplicación en el trabajo
Responsabilidad	Iván llega puntual todos los días, cumple sus tareas y avisa cuando necesita ayuda
Comunicación	Al principio, le daba vergüenza atender el teléfono, pero ha practicado y, ahora, transmite seguridad
Trabajo en equipo	Se lleva bien con el personal de oficina y con los repartidores. Ayuda cuando ve que alguien va con prisa
Gestión del estrés	Cuando hay muchos pedidos y llamadas, respira hondo y organiza su trabajo por orden de prioridad
Empatía	Escucha con paciencia a los clientes que llaman enfadados, y les habla con calma y respeto
Capacidad de aprendizaje	Ha aprendido a usar un nuevo programa informático en solo una semana, con ayuda de un compañero

EJERCICIO 6

De las seis competencias que aparecen en la tabla, valore su nivel del 1 al 5, según cómo suele actuar en su vida académica, social o laboral.

Use esta escala:

1. Muy baja: no tengo nada desarrollada esta competencia.

2. Baja: la aplico muy pocas veces o me siento muy inseguro/a en esta habilidad.

3. Media: a veces la utilizo bien, pero otras veces me cuesta o no sé cómo actuar.

4. Alta: la uso de forma habitual y con buenos resultados, aunque todavía puedo mejorar.

5. Muy alta: me siento muy seguro/a. Aplico esta competencia con confianza y eficacia.

N.º	Competencia	Puntuación (1-5)	Comentario/ ejemplo personal
1	Responsabilidad		
2	Comunicación		
3	Empatía		
4	Trabajo en equipo		
5	Iniciativa		
6	Gestión del tiempo		

4.4 Estrategias para el aprendizaje y desarrollo de habilidades sociales y de comunicación

En un contexto laboral y personal, las **habilidades sociales y de comunicación** son fundamentales para relacionarnos de manera eficaz, resolver conflictos y trabajar en equipo. A continuación, se describen seis habilidades clave, junto con estrategias para aprenderlas y potenciarlas.

1. Empatía

Capacidad de ponerse en el lugar de otra persona, comprender sus sentimientos y perspectivas.

Estrategias para desarrollarla

- Practicar la **escucha sin interrumpir** cuando alguien comparte algo importante.

- Hacer preguntas abiertas que inviten a profundizar («¿cómo te sentiste en esa situación?»).

- Analizar diferentes puntos de vista, antes de juzgar.

EJERCICIO 7

Visione la escena de una película y describa cómo se siente cada personaje.

2. Asertividad

Comunicar opiniones, necesidades y sentimientos de forma clara y respetuosa, sin agredir ni someterse.

Estrategias para desarrollarla

- Usar frases en primera persona («yo pienso…», «yo necesito…»).

- Aprender a decir «no» con cortesía, explicando razones, si es necesario.

- Mantener contacto visual y tono de voz firme, aunque amable.

EJERCICIO 8

En pareja, o en pequeños grupos (tres o cuatro personas), dramatice situaciones donde haya que rechazar una petición sin ofender.

3. Escucha activa

Atender de forma consciente y completa a lo que dice el interlocutor, tanto verbal como no verbalmente.

Estrategias para desarrollarla

- Parafrasear lo que la otra persona ha dicho, para confirmar que se entendió bien.

- Evitar distracciones, como el móvil, o interrumpir.

- Observar el lenguaje corporal y las expresiones faciales.

4. Inteligencia emocional

Habilidad para reconocer, comprender y gestionar nuestras emociones y las de los demás.

Estrategias para desarrollarla

- Llevar un diario emocional, para identificar patrones de reacciones.

- Practicar la autorregulación: respirar profundamente antes de responder en momentos de tensión.

- Reconocer y validar las emociones ajenas («entiendo que estés molesto por…»).

5. Toma de decisiones

Proceso de elegir la mejor opción posible, evaluando alternativas y consecuencias.

Estrategias para desarrollarla

- Usar un esquema de pasos: definir el problema, generar opciones, evaluar pros y contras, decidir y actuar.

- Valorar datos objetivos y no solo emociones.

- Aprender de las decisiones pasadas, revisando aciertos y errores.

6. Liderazgo

Capacidad de guiar, motivar y coordinar a un grupo para alcanzar objetivos.

Estrategias para desarrollarla

- Delegar tareas, según fortalezas de cada persona.

- Inspirar con el ejemplo, siendo coherente entre lo que se dice y se hace.

- Reconocer y celebrar los logros del equipo.

Reto profesional: «Te lo cuento; me lo cuentas»

Objetivo

Desarrollar la **escucha activa** y la capacidad de **síntesis fiel** de un mensaje.

Duración total: 20-25 minutos.

Instrucciones

1. **Formar parejas** entre el alumnado.

2. **Ronda 1**

   a. **Persona A** cuenta una historia personal breve (puede ser una anécdota o algo que le pasó en vacaciones, en clase o en un trabajo anterior).

   b. **Persona B** escucha sin interrumpir, tomando notas mentales o escritas.

   c. Al terminar, **Persona B** debe **resumir fielmente** la historia, respetando los hechos, el orden y la emoción transmitida.

3. **Ronda 2**

   a. Se invierten los roles: ahora, **Persona B** cuenta su historia y **Persona A** la resume.

4. **Puesta en común en grupo**

   a. Cada persona comparte cómo se sintió al ser escuchada y al escuchar.

   b. Reflexionar sobre si hubo errores de interpretación y cómo se podrían evitar.

Reglas de la escucha activa

- Mantener **contacto visual.**
- No interrumpir ni anticipar la respuesta.
- Observar **lenguaje no verbal.**
- Escuchar para comprender, no para responder rápido.

Mapa conceptual

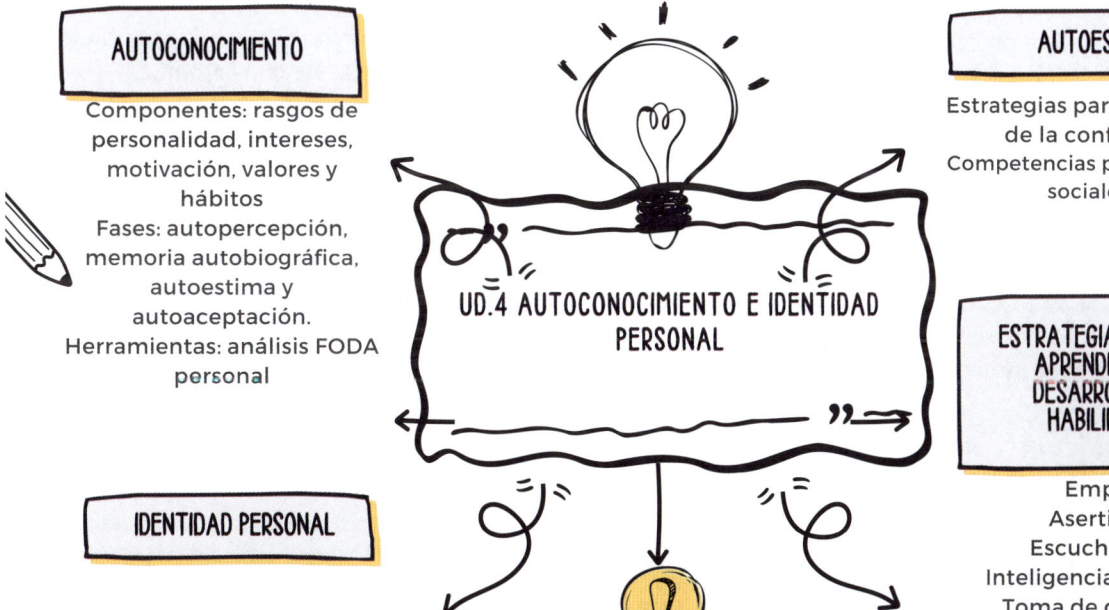

■ El autoconocimiento es la capacidad de analizar y comprender aspectos personales. Tiene una serie de componentes que se relacionan entre sí y forman una especie de «mapa interno» que cada persona debería conocer. Son el rasgo de personalidad, intereses, motivaciones, valores y hábitos. Tiene unas fases: la autopercepción, la memoria autobiográfica, la autoestima y la autoaceptación.

Dentro de sus herramientas, destaca el análisis FODA personal, una técnica de planificación estratégica aplicada y empleada en el contexto personal. En ella, se analizan las debilidades, oportunidades, fortalezas y amenazas de las personas en el cumplimiento de sus metas individuales y les permite comprender mejor su realidad para establecer estrategias para la consecución de sus objetivos.

■ La identidad personal es el conjunto de características, valores, creencias, experiencias, intereses y rasgos que hacen única a una persona y le permiten reconocerse como un individuo distinto de los demás. Incluye elementos internos y externos y no es algo fijo: es un proceso activo.

■ La imagen personal es la percepción que tenemos de nosotros mismos y la que los demás tienen sobre nosotros. Esta percepción puede dividirse en dos tipos: la imagen proyectada y la imagen percibida.

■ La identidad digital es el conjunto de datos, acciones, publicaciones y huellas que dejamos en internet y que forman parte de cómo nos ven los demás en el entorno digital. Los datos personales mal gestionados pueden dar lugar a suplantación de identidad, acoso o ciberbullying, estafas y fraudes, pérdida de privacidad, problemas reputacionales o laborales.

■ Las redes sociales son plataformas en línea que permiten crear perfiles personales o profesionales, para conectarse con otras personas, interactuar, compartir contenido y participar en comunidades virtuales.

■ La «autoestima» es la valoración que hacemos de nosotros mismos; de nuestras capacidades, actitudes y valía personal. Una autoestima sana nos permite confiar en nuestras decisiones, afrontar retos y aprender de los errores.

■ Hay una serie de estrategias para fomentar la autoestima, como establecer metas alcanzables, hablarse en positivo, registrar logros, aceptar cumplidos y reconocer méritos, rodearse de personas que apoyan y aprender de los errores.

■ Es importante que cada persona se plantee sus aspiraciones profesionales y las transforme en metas realistas y alcanzables. Para ello, se puede utilizar la técnica SMART.

■ La «empleabilidad» es la capacidad que tiene una persona para conseguir, mantener y progresar en un empleo a lo largo del tiempo. Las competencias personales y sociales son fundamentales para la empleabilidad de cualquier sector de actividad.

■ Las competencias personales son capacidades internas, que tienen que ver con la forma de comportarse, pensar y organizarse. Las competencias sociales son las habilidades para relacionarse de forma adecuada y eficaz con otras personas.

■ En un contexto laboral y personal, las habilidades sociales y de comunicación son fundamentales para relacionarnos de manera eficaz, resolver conflictos y trabajar en equipo.

1. **El «autoconocimiento» es:**

   a) La capacidad de analizar y comprender aspectos personales.

   b) Conocerse a uno mismo.

   c) Sus componentes son los intereses, hábitos, motivaciones, valores y rasgos de la personalidad.

   d) Todas son correctas.

2. **La «identidad personal» es:**

   a) El conjunto de características, valores, creencias, experiencias, intereses y rasgos que hacen única a una persona y le permiten reconocerse como un individuo distinto de los demás.

   b) Algo fijo.

   c) Incluye solo aspectos internos.

   d) Todas son falsas.

3. **La «imagen proyectada»:**

   a) Es lo que somos.

   b) Es lo que percibimos.

   c) Es lo que transmitimos a los demás.

   d) Ninguna de las anteriores.

4. **La «identidad digital»:**

   a) Es el conjunto de datos, acciones, publicaciones y huellas que dejamos en internet.

   b) Forma parte de cómo nos ven los demás en el entorno digital.

   c) Los datos personales mal gestionados pueden dar lugar a suplantación de identidad.

   d) Todas son correctas.

5. **El «robo de identidad» consiste:**

   a) En realizar compras, abrir cuentas o solicitar créditos.

   b) Es un proceso largo, complicado y costoso.

   c) Lo peor son las consecuencias de tipo emocional, como el estrés y la ansiedad.

   d) Todas las anteriores.

6. **Las redes sociales profesionales:**

   a) Son plataformas en línea diseñadas específicamente para conectar a profesionales de diversos sectores

   b) Las más populares son LinkedIn, Viadeo y Xing.

   c) Facilitan el *networking*.

   d) Todas las anteriores.

7. **La «autoestima»:**

   a) Es la valoración que hacemos de nosotros mismos.

   b) No nos permite afrontar retos.

   c) La persona no busca mejorar constantemente ni adaptarse a los cambios.

   d) Todas las anteriores.

8. **En un contexto laboral y personal:**

   a) Las habilidades sociales no son fundamentales.

   b) Son solo fundamentales las habilidades de comunicación.

   c) No es importante trabajar en equipo.

   d) Ninguna es correcta.

9. **Las competencias personales son:**

   a) Las habilidades para relacionarse.

   b) La comunicación o el trabajo en equipo.

   c) Las capacidades internas, que tienen que ver con la forma de comportarse, pensar y organizarse.

   d) Todas son correctas.

10. **Las «competencias sociales»:**

    a) Son capacidades internas, que tienen que ver con la forma de comportarse, pensar y organizarse.

    b) Son las habilidades para relacionarse de forma adecuada y eficaz con otras personas.

    c) Todas son correctas.

    d) Son la resiliencia, la iniciativa y la gestión del tiempo.

ACTIVIDAD 1

Se ha de resolver, en un grupo pequeño (un máximo de cuatro alumnos), un dilema laboral y explicar el razonamiento: un taller mecánico escolar colabora con una empresa local. Un cliente exige entrega en 48 horas de una reparación de frenos para poder pasar la ITV. El equipo (cuatro alumnos de FPB) descubre que una pieza crítica tarda tres-cuatro días en llegar si la piden al proveedor habitual.

Dilema

¿Cómo cumplir con el cliente sin comprometer seguridad, ética y calidad?

Opciones consideradas

A. **Entregar una solución temporal** (parche) para llegar al plazo, sin informar en detalle.

B. **Retrasar dos días** y **explicar** al cliente la razón, asumiendo una penalización.

C. **Subcontratar** la pieza y el montaje a un **proveedor rápido**, para cumplir el plazo sin bajar calidad.

D. **Horas extra** (voluntarias y remuneradas), para cumplir en plazo, **manteniendo calidad** con el equipo propio.

ACTIVIDAD 2

Analice el siguiente supuesto: en un taller de FPB, dos alumnos (Carlos y Lucía) trabajan juntos en la reparación de un motor como parte de un proyecto evaluable. La fecha de entrega es mañana. Lucía ha trabajado las últimas semanas con constancia, pero Carlos ha faltado varios días sin avisar y el trabajo está incompleto. En la revisión final, Lucía acusa a Carlos de «irresponsable» delante de todos, y Carlos reacciona levantando la voz y diciendo que «no es su culpa», porque ha tenido problemas personales.

Para ello:

1.º Identifique el conflicto.

2.º Analice las causas.

3.º Establezca cómo controlar las emociones

4.º Haga una propuesta para resolver el conflicto.

Habilidades sociales fundamentales en el proceso de búsqueda de empleo

En esta unidad va a estudiar:

- Las técnicas de comunicación
- El trabajo en equipo
- La gestión y resolución de conflictos
- La evaluación del desempeño del equipo y propuestas de mejora

Con su estudio, va a ser capaz de:

- Poner en práctica técnicas de presentación, orales y escritas, para una comunicación efectiva.
- Identificar los beneficios del trabajo en equipo, así como las diferentes formas de llevarlo a cabo.
- Reaccionar de forma flexible y positiva ante conflictos y situaciones nuevas, aprovechando las oportunidades y gestionando las dificultades, haciendo uso de estrategias relacionadas con la inteligencia emocional.

5.1 Técnicas de comunicación: planificación, diseño y organización del contenido

En la unidad anterior, hemos estudiado que, en un contexto laboral y personal, las **habilidades sociales y de comunicación** son fundamentales para relacionarnos de manera eficaz, resolver conflictos y trabajar en equipo.

Por lo tanto, la comunicación eficaz no ocurre de manera improvisada: requiere de una **preparación y estructura** para que el mensaje llegue de forma clara, ordenada y adaptada al público receptor.

5.1.1 Planificación del mensaje

Antes de comunicar (oralmente, por escrito o visualmente), es necesario planificar.

EJEMPLO 1

María, que está cursando FP Básica, tiene que exponer en clase un proyecto.

Solución:

María, antes de exponer su proyecto, deberá planificar:

1.º Qué quiere transmitir

2.º Quién será su audiencia: profesor/a y compañeros

3.º Elegir un soporte visual, ya sea PowerPoint o póster o esquema en la pizarra

4.º Prever posibles barreras y obstáculos

5.1.2 Diseño del contenido

Después de definir el objetivo y el público, se procede a diseñar el mensaje. Para ello, es importante la claridad y concisión; es decir, usar frases sin muchos tecnicismos. Además, se debe utilizar un vocabulario comprensible, que se adapte al receptor. Se pueden utilizar gráficos, imágenes o esquemas que refuercen la información. Se debe buscar la coherencia y la lógica, ya que cada idea debe estar relacionada con la anterior, y emplear un lenguaje positivo y motivador, evitando aquellas expresiones que generen rechazo o desinterés.

EJEMPLO 2

María ya ha elegido su proyecto para exponerlo en clase, pero le ha surgido una duda relacionada con el formato de entrega del proyecto. Por ello, previamente le consulta la duda a su profesor por correo electrónico.

Solución:

María deberá diseñar su correo siguiendo una serie de pasos:

1. Establecimiento del asunto del correo, claro y breve

2. Saludo formal

3. Cuerpo estructurado en párrafos cortos (introducción, duda concreta y agradecimiento)

4. Cierre o despedida cortés, con firma

Figura 5.1
Pasos que seguir en la planificación del mensaje.

Elabore un correo electrónico a su profesor/a siguiendo los pasos anteriores, en relación con el día de exposición de su proyecto, con las dudas que le han surgido, en cuanto a los medios utilizados para la exposición.

5.1.3 Organización del contenido

En cuanto a la organización del contenido, la estructura del mensaje es clave para que sea fácil de seguir:

- **Introducción:** captación de la atención, contexto y anuncio de lo que se va a tratar.

- **Desarrollo:** ideas principales apoyadas con datos, ejemplos y argumentos.

- **Conclusión:** resumen breve, mensaje final claro y llamamiento a la acción.

- **Transiciones:** frases que conecten las partes y faciliten la comprensión.

Se puede utilizar herramientas para reforzar la comunicación. Se trata de recursos, técnicas o medios que facilitan que un mensaje se transmita de manera más clara, efectiva y comprensible entre emisor y receptor. Asimismo, se pueden utilizar los siguientes:

- **Esquemas y mapas mentales,** para organizar ideas previas.

- **Plantillas** de informes o presentaciones.

- **Ensayos previos** (práctica de exposiciones o simulación de entrevistas).

- **Checklists** de revisión: ortografía, claridad o adecuación al receptor.

Una *checklist* (o «lista de verificación») es una herramienta consistente en un listado ordenado de tareas, pasos o elementos que deben revisarse o completarse para asegurar que un proceso se realice de forma correcta y sin olvidar ningún aspecto importante.

5.2 Barreras y técnicas de comunicación asertiva: la comunicación verbal y no verbal

Al hablar de barreras de comunicación, se refiere a los obstáculos que dificultan la comprensión del mensaje entre emisor y receptor.

La comunicación asertiva es la capacidad de expresar ideas, opiniones y sentimientos de manera clara, respetuosa y firme, sin agredir ni someterse a los demás. Por lo tanto, permite superar las barreras personales, físicas o emocionales, lo que facilita el respeto mutuo y la construcción de acuerdos en cualquier contexto, especialmente en el ámbito académico y laboral.

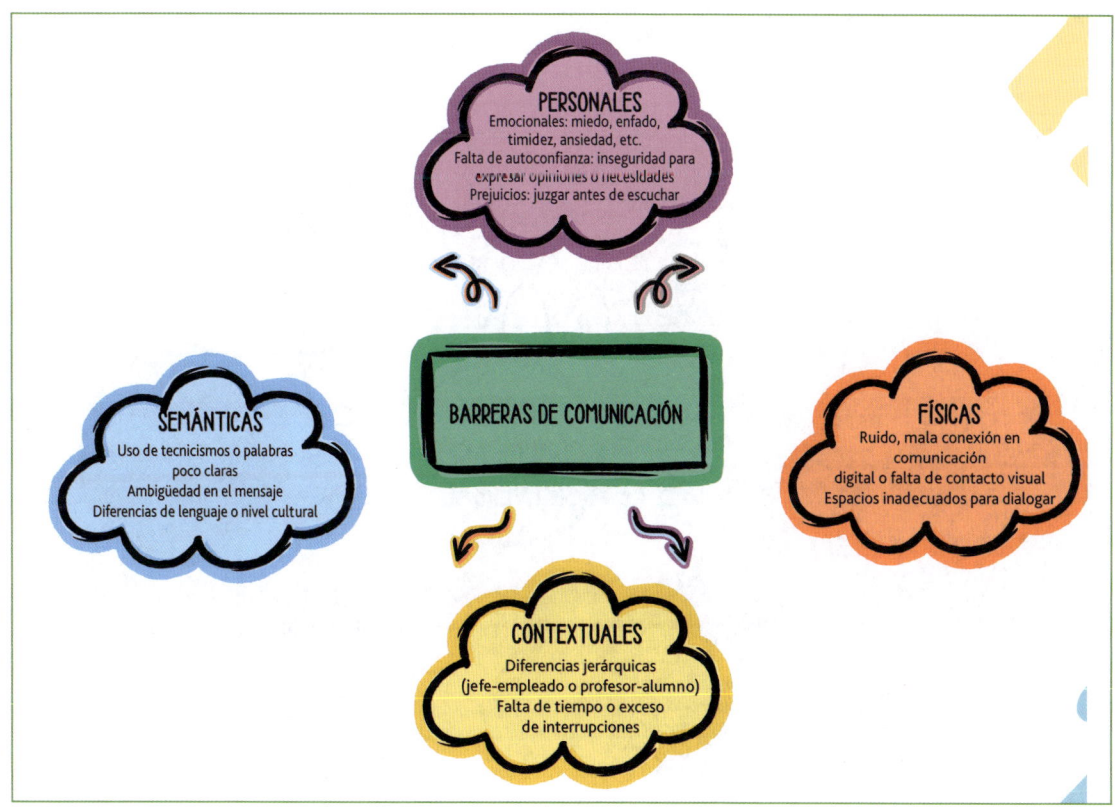

Figura 5.2 Tipos de barreras de comunicación.

Figura 5.3 Técnicas de comunicación asertiva.

En concreto, la comunicación conlleva una serie de beneficios, como favorecer el entendimiento mutuo, reducir conflictos interpersonales, mejorar la autoestima y la confianza y generar relaciones laborales y personales más sanas.

La «comunicación no verbal» es la que se transmite sin palabras, a través de gestos, posturas, expresiones y otros recursos visuales o paralingüísticos.

EJERCICIO 2

Un alumno de FP Básica participa en un proyecto en grupo. Uno de sus compañeros no entrega a tiempo la parte del trabajo que le correspondía, lo que genera retraso. Para ello, determine, mediante una comunicación asertiva, sin discutir ni ofender, dicha situación.

GLOSARIO

los recursos paralingüísticos son los elementos de la comunicación oral que no son palabras, pero que influyen en cómo se interpreta el mensaje. Entre ellos, están el tono de voz, el volumen, las pausas, el ritmo, la entonación y el énfasis. Sirven para transmitir emociones, reforzar ideas y mantener la atención del oyente.

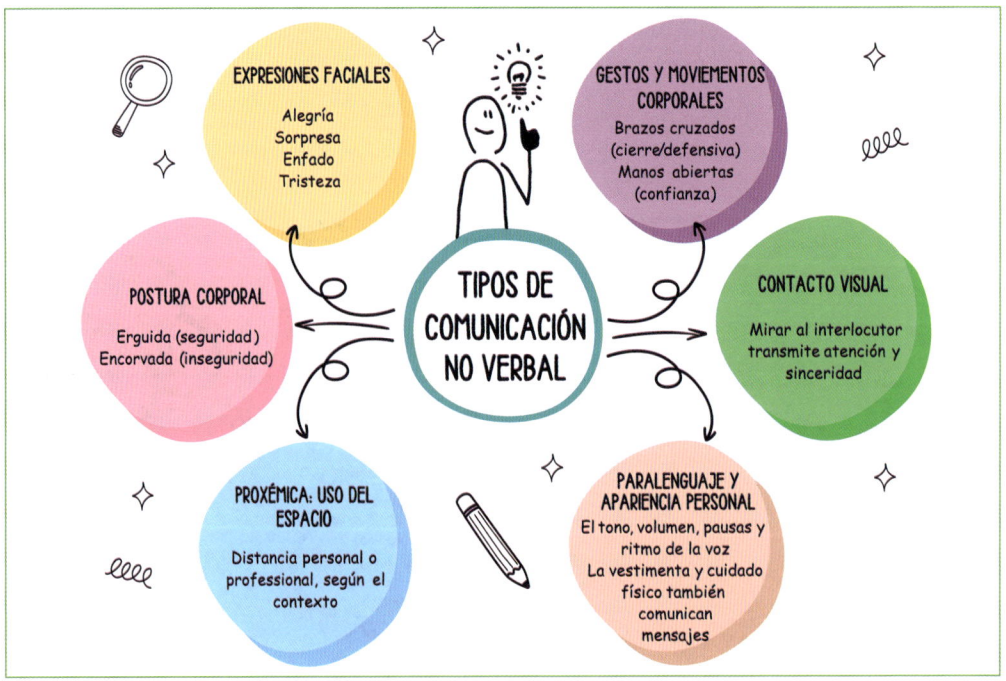

Figura 5.4 Tipos de comunicación no verbal.

EJEMPLO 3

Un alumno utiliza comunicación verbal y no verbal ante la explicación de su profesora. En la comunicación verbal, expresa que «sí, lo entiendo», pero, en la comunicación no verbal, frunce el ceño y evita la mirada. Determine qué nos transmite.

Solución:

Dicho alumno transmite incoherencia entre lo que dice (comunicación verbal) y lo que realmente piensa (comunicación no verbal).

EJERCICIO 3

Lleve a cabo el análisis y corrección de la siguiente situación en la que se da una discordancia entre la comunicación verbal y la no verbal.

Situación: Un alumno lleva a cabo una exposición oral en clase y manifiesta: «Estoy muy seguro de lo que presento hoy». Pero, al mismo tiempo, habla con voz muy baja, evita mirar al público, se mueve nerviosamente y cruza los brazos.

En conclusión, la **comunicación verbal** permite estructurar el mensaje con palabras, pero la **no verbal** transmite emociones, actitudes y credibilidad. Para ser un buen comunicador, es esencial cuidar ambos aspectos y mantener coherencia entre lo que se dice y lo que se expresa con el cuerpo.

CURIOSIDADES

Tanto en la comunicación no verbal como en la verbal, se requiere de unas habilidades específicas, y de la observancia de unas normas de conducta, como es el caso de la netiqueta dentro del entorno digital. Se trata de un conjunto de normas y comportamientos que se recomiendan para interactuar de forma respetuosa y adecuada, en internet y demás entornos digitales. Los principios que se deben respetar son:

- La cortesía y el respeto, evitando el lenguaje ofensivo, insultos o comentarios despectivos.

- La claridad y precisión al escribir, para evitar malentendidos.

- Nunca compartir información personal de otros sin su consentimiento.

- Se deben citar las fuentes cuando se compartan contenidos y reconocer las contribuciones que realizan otros.

- No se deben mandar correos electrónicos no solicitados, mensajes repetitivos o promociones no deseadas.

5.3 El trabajo en equipo. Estrategias y roles grupales

El «trabajo en equipo» es la colaboración de varias personas que aportan sus habilidades, conocimientos y esfuerzos para alcanzar un objetivo común. Por medio del trabajo en equipo, se favorece el aprendizaje mutuo, se reparten las tareas según las habilidades, se aumenta la motivación y el compromiso y se generan soluciones más innovadoras a los problemas. Por tanto, se comparten responsabilidades, se mejora la creatividad y se aumenta la eficiencia.

Para que un equipo de trabajo sea más dinámico, organizado y productivo, y que pueda adaptarse a los cambios con facilidad, se pueden utilizar metodologías ágiles del ámbito de la informática y que se utilizan por su flexibilidad y orientación a obtener resultados.

Figura 5.5 Tipos de estrategias ágiles para el trabajo en equipo.

Dentro de un equipo, cada persona suele asumir un papel según sus habilidades, personalidad y motivaciones. Dicho papel es lo que se conoce como **rol grupal,** mediante el cual se ayuda a mejorar la coordinación y evitar conflictos dentro del equipo de trabajo.

Figura 5.6 Técnicas de comunicación asertiva.

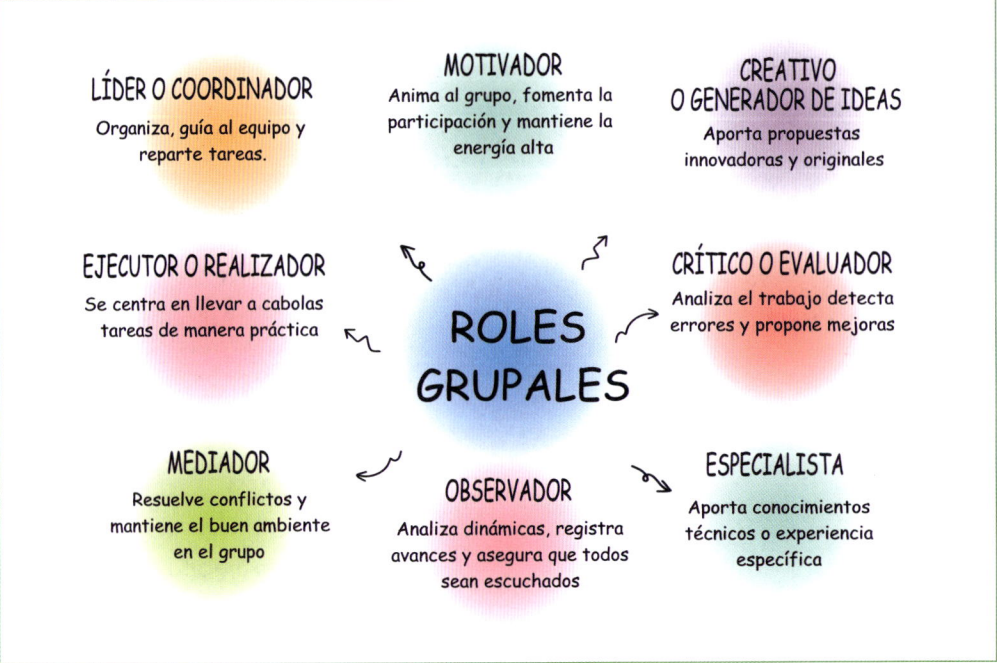

EJERCICIO 4

Formar un grupo de cinco alumnos en el aula clase. Se trata de que cada uno asuma los siguientes roles:

- Coordinador/líder
- Creativo/generador de ideas
- Ejecutor/realizador
- Crítico/evaluador
- Mediador

Una vez repartidos los roles, se debe simular que van a preparar una presentación sobre seguridad en el espacio de trabajo. Cada uno ha de aprovechar sus fortalezas para la resolución de la dinámica. Por último, se establecerán las conclusiones y se reflexionará sobre estas.

5.4 Gestión y resolución de conflictos

Debido a las diferencias de opinión, intereses personales o problemas de comunicación, pueden surgir conflictos en un equipo de trabajo. Por lo tanto, hay que gestionarlos, para evitar que influyan en el clima laboral, la productividad o la cohesión del grupo.

En cuanto a las habilidades clave para trabajar en equipo y resolver conflictos, fueron analizados en la unidad anterior. Se puede resumir en las siguientes:

- **Escucha activa:** prestar atención sin interrumpir, mostrando interés real por lo que el otro expresa.

Figura 5.7 Tipos de conflictos.

- **Asertividad:** expresar opiniones y necesidades con claridad y respeto, sin agresividad ni sumisión.
- **Empatía:** ponerse en el lugar del otro, para comprender sus emociones y puntos de vista.
- **Inteligencia emocional:** identificar, controlar y canalizar las emociones propias y ajenas.
- **Negociación y consenso:** buscar soluciones intermedias, que beneficien a todas las partes.
- **Mediación:** contar con un miembro neutral, que facilite el diálogo y la conciliación.

Con lo anterior, la gestión y resolución de conflictos requiere **habilidades sociales y de comunicación,** que permitan transformar los desacuerdos en oportunidades de crecimiento, de modo que se refuercen la confianza y la eficacia del equipo.

EJERCICIO 5

En un grupo de estudiantes, dos compañeros discuten porque uno considera que hace más trabajo que el otro en un proyecto. Lleve a cabo la resolución del conflicto mediante la utilización de habilidades sociales y de comunicación.

5.5 Evaluación del desempeño del equipo y propuestas de mejora

Para llevar a cabo la evaluación de cómo funciona un equipo, se identifican, a la vez, sus logros, dificultades y áreas de mejora. Por lo tanto, no se trata solo de medir los resultados, sino también de medir el proceso de trabajo, la cooperación, la comunicación y, por tanto, el clima grupal.

Para realizar la evaluación, se seguirán los pasos expuestos a continuación.

1. Definir criterios de evaluación

- Cumplimiento de objetivos y plazos
- Calidad del trabajo entregado
- Nivel de colaboración y comunicación entre miembros
- Grado de implicación individual
- Resolución de problemas y gestión de conflictos

2. Recopilar información

- **Autoevaluación:** cada miembro valora su desempeño y el del grupo.
- **Coevaluación:** los compañeros evalúan el trabajo de los demás.

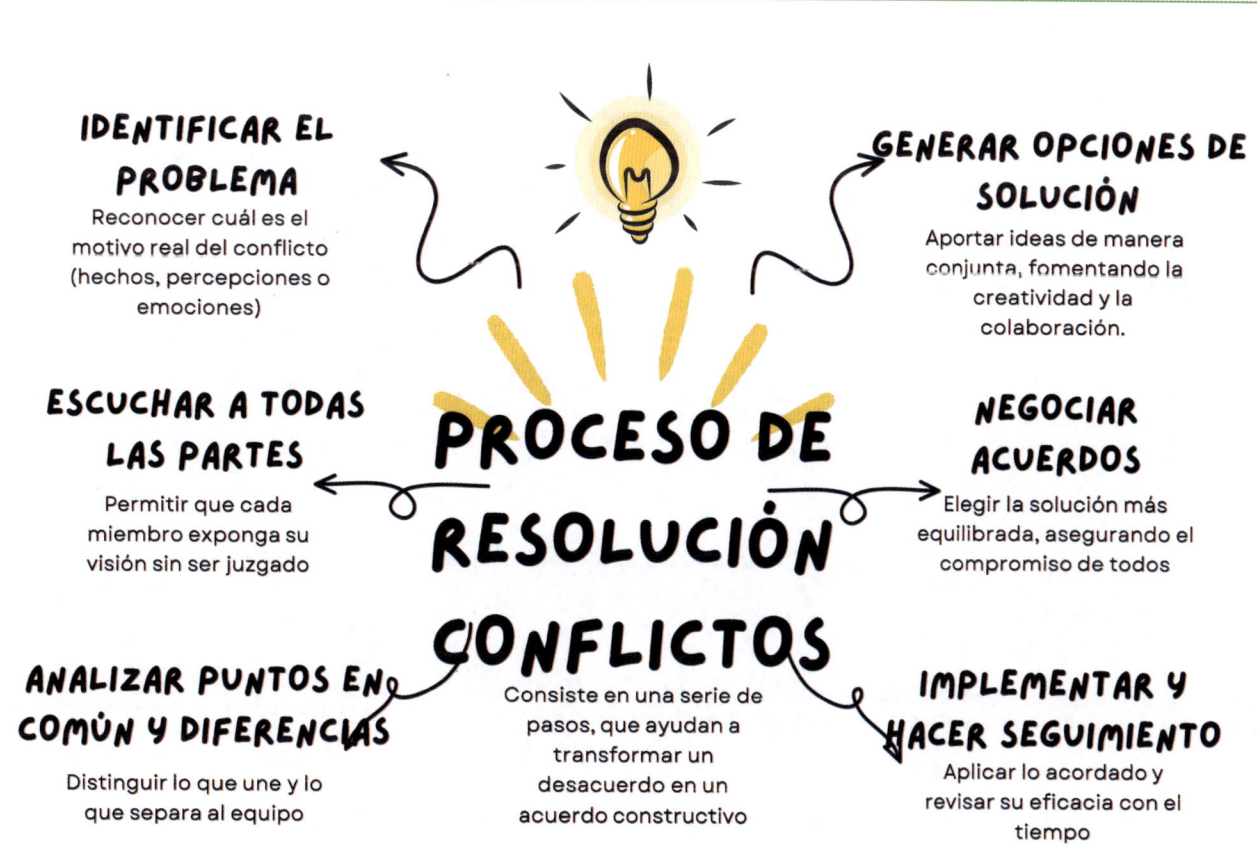

Figura 5.8 Proceso para resolver conflictos.

- **Heteroevaluación:** un tutor, profesor o coordinador evalúa el equipo.

3. Analizar resultados

- Identificar fortalezas (por ejemplo, buena organización o creatividad).

- Detectar debilidades (por ejemplo, dificultades de comunicación o falta de puntualidad).

4. Reunión de retroalimentación

- Exponer, de manera **asertiva y constructiva,** los aspectos positivos y los que se deben mejorar.

- Dar voz a todos los miembros, para expresar su visión.

5. Definir propuestas de mejora

- Ajustar distribución de tareas.

- Mejorar la comunicación interna.

- Organizar mejor los tiempos de trabajo.

- Desarrollar habilidades específicas (por ejemplo, liderazgo o escucha activa).

6. Seguimiento

- Establecer indicadores de progreso.

- Revisar periódicamente si las mejoras se están aplicando.

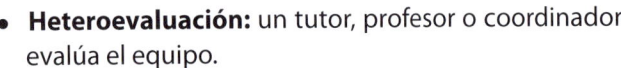

EJEMPLO 4

Un equipo de cuatro alumnos realiza un proyecto de investigación. Cumple con el plazo, pero surgen problemas: dos miembros asumen más trabajo, porque otros no se organizan bien. Lleve a cabo la evaluación de dicha situación y establezca propuestas de mejora.

Solución:

En la evaluación, se destacan como fortalezas que el proyecto está bien terminado y con buena calidad, mientras que, en las debilidades, hay un reparto desigual de tareas y fallos en la comunicación. Como propuestas de mejora, se propone usar un calendario compartido para planificar los tiempos, además de realizar reuniones cortas semanales para repartir el trabajo y el reparto de roles dentro del equipo en cada una de las fases.

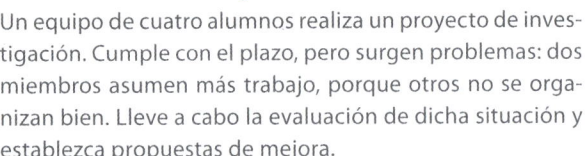

EJERCICIO 6

Un grupo de cinco estudiantes de FP organiza una campaña solidaria para recoger alimentos. El resultado fue positivo (se recogieron muchos productos), pero, durante el proceso, surgieron varios problemas, como que algunos no cumplían con los horarios acordados, hubo fallos de comunicación en la difusión del evento y dos miembros asumieron casi todo el trabajo de contacto con asociaciones. Lleve a cabo la evaluación de dicha situación y establezca propuestas de mejora.

Reto profesional

Objetivo

Revisar las redes sociales, para comprobar si se siguen las normas de conducta de la netiqueta.

Duración total: 20-25 minutos.

1. **Estudiar los principios que se han de seguir expuestos en la unidad.**

2. **Puesta en común en grupo:**

   a. Cada persona comparte su resultado

   b. Reflexionar sobre si no se cumplieron las normas y cómo se podría evitar

Mapa conceptual

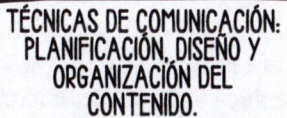

TÉCNICAS DE COMUNICACIÓN: PLANIFICACIÓN, DISEÑO Y ORGANIZACIÓN DEL CONTENIDO.

Primero se han de seguir unos pasos en la planificación: definir el objetivo y el público y luego, se procede a diseñar el mensaje. Y por último se estructura el mensaje

BARRERAS Y TÉCNICAS DE COMUNICACIÓN ASERTIVA. LA COMUNICACIÓN VERBAL Y NO VERBAL

Son los obstáculos que dificultan la comprensión del mensaje entre emisor y receptor
La comunicación asertiva es la capacidad de expresar ideas, opiniones y sentimientos de manera clara, respetuosa y firme, sin agredir ni someterse a los demás
La comunicación no verbal es la que se transmite sin palabras, a través de gestos, posturas, expresiones y otros recursos visuales o paralingüísticos

UD.5 HABILIDADES SOCIALES FUNDAMENTALES EN EL PROCESO DE BÚSQUEDA DE EMPLEO.

En un contexto laboral y personal, las habilidades sociales y de comunicación son fundamentales para relacionarnos de manera eficaz, resolver conflictos y trabajar en equipo

EL TRABAJO EN EQUIPO ESTRATEGIAS Y ROLES GRUPALES.

Se trata de la colaboración de varias personas que aportan sus habilidades, conocimientos y esfuerzos para alcanzar un objetivo común
Dentro de un equipo, cada persona suele asumir un papel según sus habilidades, personalidad y motivaciones

GESTIÓN Y RESOLUCIÓN DE CONFLICTOS

La gestión y resolución de conflictos requiere habilidades sociales y de comunicación que permitan transformar los desacuerdos en oportunidades de crecimiento, reforzando la confianza y la eficacia del equipo

EVALUACIÓN DEL DESEMPEÑO DEL EQUIPO Y PROPUESTAS DE MEJORA

Se trata de medir el proceso de trabajo, la cooperación, la comunicación y, por tanto, el clima grupal. Se siguen una serie de pasos: definir los criterios de evaluación, recopilar información, analizar resultados, retroalimentación, propuestas de mejora y seguimiento

RESUMEN

- La «comunicación eficaz» no ocurre de manera improvisada; requiere de una preparación y estructura para que el mensaje llegue de forma clara, ordenada y adaptada al público receptor. Se pueden utilizar herramientas para reforzar la comunicación. Se trata de recursos, técnicas o medios que facilitan que un mensaje se transmita de manera más clara, efectiva y comprensible entre emisor y receptor.

- Las «barreras de comunicación» son los obstáculos que dificultan la comprensión del mensaje entre emisor y receptor. Pueden ser semánticas, físicas, personales y contextuales.

- La «comunicación asertiva» es la capacidad de expresar ideas, opiniones y sentimientos de manera clara, respetuosa y firme, sin agredir ni someterse a los demás. Dicha comunicación permite superar las barreras de comunicación. Se pueden utilizar técnicas como la escucha activa, el banco de niebla o el disco rayado.

- La «comunicación no verbal» es la que se transmite sin palabras, a través de gestos, posturas, expresiones y otros recursos visuales o paralingüísticos. Permite estructurar el mensaje con palabras, pero, en la no verbal, se transmiten emociones, actitudes y credibilidad. Para ser un buen comunicador, es esencial cuidar ambos aspectos y mantener coherencia entre lo que se dice y lo que se expresa con el cuerpo.

- El «trabajo en equipo» es la colaboración de varias personas, que aportan sus habilidades, conocimientos y esfuerzos para alcanzar un objetivo común. Se pueden utilizar metodologías ágiles del ámbito de la informática y que se utilizan por su flexibilidad y orientación a obtener resultados. Dentro de un equipo, cada persona suele asumir un papel o rol grupal, según sus habilidades, personalidad y motivaciones, mediante el cual se ayuda a mejorar la coordinación y evitar así conflictos dentro del equipo de trabajo.

- La gestión y resolución de conflictos requiere de habilidades sociales y de comunicación que permitan transformar los desacuerdos en oportunidades de crecimiento, reforzando la confianza y la eficacia del equipo. El proceso de resolución de conflictos requiere de unos pasos: identificación del problema, escucha de todas las partes, análisis de los puntos en común y diferencias, análisis de las opciones, negociación, implementación y seguimiento.

- Para efectuar la evaluación de cómo funciona un equipo, hay que identificar sus logros, dificultades y áreas de mejora. Se seguirán unos pasos: definir los criterios de evaluación, recopilar la información, analizar los resultados, reunir retroalimentación, definir propuestas de mejora y hacer seguimiento.

TEST DE EVALUACIÓN

1. La «comunicación eficaz»:

a) No requiere de preparación adecuada.

b) No se prevén las barreras.

c) No se deja a la improvisación.

d) Todas son correctas.

2. Al diseñar el mensaje de la comunicación:

a) Es importante la claridad y la concisión.

b) Se debe usar un vocabulario comprensible, que se adapte al receptor.

c) Se pueden utilizar gráficos.

d) Todas son ciertas.

3. En la estructura del mensaje:

a) La introducción son las ideas principales, apoyadas con datos, ejemplos y argumentos.

b) Las transiciones son un resumen breve, con un mensaje final claro.

c) La introducción es captar la atención, contextualizar y anunciar lo que se va a tratar.

d) Ninguna de las anteriores.

4. Una «lista de verificación» es:

a) El conjunto de datos, acciones, publicaciones y huellas que dejamos en internet.

b) Una herramienta, que consiste en un listado ordenado de tareas, pasos o elementos que deben revisarse o completarse para asegurar que un proceso se realice de forma correcta y sin olvidar ningún aspecto importante.

c) Los datos personales mal gestionados pueden dar lugar a suplantación de identidad.

d) Todas son correctas.

5. Las «barreras de comunicación»:

a) Son obstáculos que dificultan la comprensión del mensaje entre emisor y receptor.

b) Son solo de tipo físico, como el ruido.

c) Ayudan a una comunicación eficaz.

d) Todas las anteriores.

6. La «comunicación asertiva»:

a) Es la capacidad de expresar ideas, opiniones y sentimientos de manera clara, respetuosa y firme, sin agredir ni someterse a los demás.

b) Permite superar las barreras personales, físicas o emocionales.

c) Facilita el respeto mutuo y la construcción de acuerdos en cualquier contexto.

d) Todas las anteriores.

7. Los «recursos paralingüísticos»:

a) Son los elementos de la comunicación oral que no son palabras, pero que influyen en cómo se interpreta el mensaje.

b) Entre ellos, están el tono de voz, el volumen, las pausas, el ritmo, la entonación y el énfasis.

c) Sirven para transmitir emociones, reforzar ideas y mantener la atención del oyente.

d) Todas las anteriores.

8. De las siguientes afirmaciones, ¿cuál es la correcta?

a) La comunicación no verbal permite estructurar el mensaje con palabras.

b) La comunicación verbal transmite emociones, actitudes y credibilidad.

c) Para ser un buen comunicador, hay que mantener la coherencia entre lo que se dice y lo que se expresa con el cuerpo.

d) Tanto en la comunicación no verbal como en la verbal, no se requiere de unas habilidades específicas.

9. Dentro de un equipo:

a) Cada persona suele asumir un papel según sus habilidades, personalidad y motivaciones.

b) Dicho papel se conoce como «rol grupal».

c) Asumiendo un rol, se ayuda a mejorar la coordinación y evitar conflictos dentro del equipo de trabajo.

d) Todas son correctas.

10. En la evaluación de cómo funciona un equipo:

a) Se identifican sus logros, dificultades y áreas de mejora.

b) Solo se miden los resultados.

c) Solo se mide el proceso de trabajo.

d) Todas son correctas.

ACTIVIDAD 1

Un grupo de alumnos va a exponer un trabajo en clase. Determine los pasos que seguir en la planificación del mensaje que expondrán.

ACTIVIDAD 2

En un taller de FP, el profesor explica cómo realizar una práctica de mecánica. Durante la explicación, habla demasiado rápido. Utiliza muchos tecnicismos, sin asegurarse de que los alumnos los comprendan. Algunos alumnos están distraídos mirando el móvil. El ruido de las herramientas en el taller dificulta escuchar con claridad. Como consecuencia, dos alumnos realizan mal la práctica, porque no entendieron las instrucciones, se retrasa la actividad y aumenta la frustración en el grupo. Determine qué barreras aparecen en el supuesto y qué medidas deberían adoptarse.

ACTIVIDAD 3

En parejas, invente un diálogo usando la técnica del disco rayado ante el siguiente supuesto: María, estudiante de dieciséis años, acaba de terminar la FP básica. Su amigo insiste en que lo ayude a copiar en un examen. María no quiere hacerlo, porque sabe que es incorrecto y puede traerle problemas.

ACTIVIDAD 4

En un instituto, dos grupos de estudiantes de FP trabajan en proyectos distintos para la misma feria de innovación:

- Grupo A: prepara un prototipo de coche eléctrico en maqueta.
- Grupo B: desarrolla una aplicación móvil para controlar el consumo energético.

Ambos grupos comparten el taller de informática y el laboratorio, lo que provoca:

- Discusiones por el uso de recursos y horarios
- Comentarios negativos entre grupos («ellos ocupan todo el tiempo del laboratorio»).
- Competencia excesiva, que genera un clima de tensión.

Determine qué tipo de conflicto es. Analícelo mediante la estrategia adecuada. ¿Cuál sería el resultado esperado?

ACTIVIDAD 5

Un grupo de seis alumnos de FP debe realizar un proyecto de diseño de una maqueta de taller sostenible. Antes, se organizaban de forma improvisada y siempre entregaban tarde los trabajos. Deciden usar la metodología Scrum para mejorar su organización. Determine las acciones que seguir en cada uno de los siguientes pasos:

1. Definición de roles
2. Lista de tareas para realizar
3. Planificación del sprint o periodos de tiempo
4. Reuniones diarias
5. Revisión
6. Determinación de lo que funcionó y qué mejorar

U 6

Itinerarios académicos y profesionales

En esta unidad va a estudiar:

- El análisis del entorno sociolaboral actual

- Las tendencias del mercado laboral

- Los itinerarios académicos, relacionados con el título del ciclo formativo, así como el análisis de las ventajas e inconvenientes de las opciones educativas y profesionales desde el autoconocimiento

- El proyecto profesional

Con su estudio, va a ser capaz de:

- Identificar los itinerarios académicos y profesionales afines a sus intereses y valorar las diferentes opciones.

- Determinar la realidad del entorno sociolaboral actual.

- Poner en marcha un itinerario propio, analizando las distintas opciones y valorando las ventajas e inconvenientes.

- Realizar un proceso de toma de decisiones a partir de sus preferencias profesionales, intereses y metas en el marco de un proyecto profesional.

6.1 Itinerarios académicos y profesionales

Cuando hablamos de «itinerarios formativos profesionales», nos referimos a aquellos planes que han sido estructurados y diseñados para el desarrollo de habilidades, conocimientos y competencias en un campo específico de trabajo.

Su objetivo será proporcionar las herramientas necesarias para alcanzar metas profesionales y, por lo tanto, mejorar la empleabilidad.

Por lo tanto, vemos que el aprendizaje nunca se acaba, puesto que hay diferentes formas de seguir aprendiendo y ampliando conocimientos, y ello hace que adquiramos nuevas competencias profesionales.

El entorno sociolaboral actual es dinámico, digital y globalizado. Supone retos (desempleo juvenil y precariedad), pero también grandes oportunidades (nuevos sectores o demanda de perfiles técnicos). La clave está en desarrollar competencias personales, sociales y digitales, junto con una mentalidad flexible y de crecimiento.

6.2 Análisis del entorno sociolaboral actual

Para analizar el entorno sociolaboral, en primer lugar, vemos una serie de transformaciones en el mercado laboral:

- **Digitalización y automatización:** cada vez más tareas repetitivas se sustituyen por *software* o máquinas, lo que exige trabajadores con competencias digitales.

- **Economía verde y sostenibilidad:** hay un auge de empleos relacionados con energías renovables, movilidad sostenible, reciclaje y gestión medioambiental.

- **Flexibilidad laboral:** existe un aumento del teletrabajo, el trabajo híbrido y los horarios flexibles.

- **Globalización:** tiene lugar una mayor competencia internacional, pero también más oportunidades de colaboración en proyectos globales.

Actualmente, los retos principales que se encuentran en el mercado laboral son el desempleo juvenil, puesto que los jóvenes tienen dificultades para conseguir un primer empleo estable; la brecha de género, puesto que todavía persisten desigualdades en determinados sectores (por ejemplo, STEM); la inestabilidad laboral, provocada por el aumento de contratos temporales o por proyectos, y que las empresas no encuentran perfiles formados en áreas tecnológicas o emergentes.

GLOSARIO

STEM es un acrónimo en inglés de las disciplinas de «ciencia» (*science*), «tecnología» (*technology*), «ingeniería» (*engineering*) y «matemáticas» (*mathematics*). Se refiere a un enfoque educativo y profesional, en el que se integran estas áreas.

Figura 6.1 Competencias más demandadas en el entorno sociolaboral actual.

EJERCICIO 1

Sergio, de veintidós años, acaba de terminar un ciclo formativo de grado medio en Sistemas Microinformáticos y Redes. Ha sido contratado en una empresa de soporte técnico, que permite teletrabajar con horario flexible: solo debe cumplir con siete horas diarias, pero puede organizarlas libremente entre las 7:00 y las 21:00. Durante las primeras semanas, Sergio decide trabajar a ratos: una hora por la mañana, dos a mediodía y cuatro por la tarde-noche. Sin embargo, se encuentra con algunos problemas:

- Algunos clientes no reciben respuesta rápida, porque él no estaba conectado en el momento de la incidencia.

- Su jefe le señala que es difícil coordinarlo con el resto del equipo.

- Aunque le gusta la flexibilidad, siente que su jornada se alarga demasiado y pierde concentración.

Determine, en un grupo pequeño (tres-cuatro alumnos/as), cuál es el problema y qué propuestas de solución aplicaría. Posteriormente, comenten en el grupo clase los resultados obtenidos.

electrónico, las energías renovables, la salud digital, la electromovilidad y la impresión 3D. Estos sectores llevan consigo que la formación profesional haya crecido y sea cada vez más valorada, con gran inserción laboral en áreas técnicas. Además, cobra gran importancia la movilidad internacional, puesto que da al alumnado la posibilidad de trabajar en otros países, gracias a programas europeos o acuerdos internacionales. Se ha de destacar como oportunidad laboral el emprendimiento, ya que se fomenta gracias a los apoyos y ayudas para el autoempleo y la creación de *startups*.

GLOSARIO

Una *startup* es una empresa emergente, caracterizada por ser innovadora, escalable y con potencial de rápido crecimiento, generalmente vinculada a la tecnología o a modelos de negocio digitales. Suelen nacer para resolver un problema de manera creativa y diferente. Un ejemplo sería la empresa *Glovo*, que comenzó ofreciendo reparto a domicilio de comida y productos a través de una *app*.

6.3 Tendencias del mercado laboral: nuevas profesiones y sectores emergentes

EJERCICIO 2

Ponga tres ejemplos prácticos de startups que conozca y explique cómo funciona.

En relación con las oportunidades del mercado laboral, vemos que actualmente hay nuevos sectores en crecimiento, como son la ciberseguridad, el comercio

PERSPECTIVAS DEL ALUMNADO

1 ADAPTACIÓN
Deben adaptarse a un mercado en constante cambio, con formación continua

2 COMPETENCIAS
Se combinan las competencias técnicas (saber hacer) con las competencias transversales (saber ser)

3 FORMACIÓN PRÁCTICA
Se aprovechas las prácticas en empresas como trampolín para la inserción laboral

4 ACTITUD PROACTIVA
Con autoconocimiento, metas claras y disposición a aprender

Figura 6.2
Perspectiva personal para el alumnado de formación profesional.

6.3.1 La importancia de la inteligencia artificial y la digitalización

Actualmente, la inteligencia artificial y la digitalización generarán empleos nuevos, aunque haya roles que se automatizarán. Ello influye a que, en los trabajadores, crezca el temor a que la IA pueda reemplazar su puesto y, por lo tanto, se considera clave dominar esta tecnología para seguir siendo empleable. Por ello, hay profesiones con tareas rutinarias, tales como la traducción, redacción o administración, que se están transformando rápidamente, mientras que trabajos manuales o de interacción humana son menos vulnerables. También es destacable que las empresas españolas, desde 2024, han ido incrementando el uso de tecnologías de IA, especialmente en sectores como el de la información, las comunicaciones y las actividades técnico-científicas.

Por tanto, es importante subrayar que España destaca como referente europeo, ya que la mayoría de la población tiene habilidades básicas en competencias digitales; también cabe mencionar la gran conectividad, ya que la mayoría de los hogares dispone de fibra óptica y, además, es el tercer país con mayor número de nodos *edge,* clave para el desarrollo del 5G, la nube y el internet de las cosas.

GLOSARIO

Un *nodo edge* (o *edge node*) es un dispositivo o punto de conexión que se encuentra en el borde de la red (*edge* = «borde») y que actúa como enlace entre los dispositivos finales (sensores, móviles, máquinas y ordenadores) y la nube o los centros de datos principales.

EJEMPLO 1

Marta trabaja en el departamento de recursos humanos de una empresa tecnológica y necesita seleccionar candidatos para un programa de prácticas. ¿Cómo se podría automatizar su trabajo?

Solución:

Se utiliza un sistema de IA destinado a analizar currículos, con lo que se predice qué candidatos encajan mejor con el perfil requerido, basándose en competencias, experiencia y soft skills. Marta revisa las recomendaciones y realiza entrevistas solo con los candidatos mejor calificados.

EJERCICIO 3

David trabaja en una planta de fabricación de componentes electrónicos. Antes, el mantenimiento de las máquinas era rutinario y, muchas veces, ineficiente. ¿Cómo se podría automatizar su trabajo?

6.4 Itinerarios académicos relacionados con el título del ciclo formativo

Después de cursar la formación profesional básica, se abren varias posibilidades.

1. **Continuar estudios**

   - **Ciclo formativo de grado medio (CFGM)**
     - Es la opción más habitual.
     - Requisitos: haber superado la FPB y recibir la recomendación del equipo docente.
     - Permite especializarse en un área profesional concreta (mecánica, electricidad, informática, hostelería, etc.).

   - **Prueba de acceso a grado medio**
     - Alternativa, si no se cumplen los requisitos de acceso directo.

   - **Educación secundaria obligatoria (ESO)**
     - La superación de la FPB da lugar al **título de graduado en ESO.**
     - Esto abre la posibilidad de continuar otros estudios, incluido el bachillerato, si se desea.

2. **Estudios posteriores tras el grado medio**

   - **Ciclo formativo de grado superior (CFGS**Tras completar un grado medio, se puede acceder a uno de grado superior. Tendrá el alumnado una especialización mayor y conexión directa con el mercado laboral. Con el grado superior, posteriormente, se puede acceder a la universidad.

   - **Bachillerato**
     - Permite un acceso posible desde el grado medio, lo que amplía horizontes académicos hacia la universidad.

3. **Mercado laboral**

   Con el título de FPB, ya se adquiere una **cualificación profesional de nivel 1,** según el Catálogo Nacional de Cualificaciones Profesionales. Esto permite trabajar en empleos iniciales relacionados con el sector cursado.

4. **Formación complementaria y continua**

   - **Certificados de profesionales** → formación reconocida en sectores concretos.

   - **Cursos de especialización** ligados a la digitalización, idiomas o nuevas tecnologías.

5. **Autoempleo**

   También se puede optar por crear su propia empresa o, lo que es lo mismo, el autoempleo. Es otra vía de

inserción en el mundo laboral. Para llevarlo a cabo, se deberá usar una herramienta esencial, que es el proyecto empresarial: el documento donde se describe cómo se llevará a cabo la creación y gestión de un negocio, desde la idea inicial hasta la implementación y el crecimiento. Esta herramienta es esencial para los emprendedores que desean convertir sus ideas en empresas exitosas.

6. Formación en Europa

También es interesante destacar la posibilidad de formación en Europa, ya que se busca una FP práctica, dual, flexible y con movilidad, apoyada en el reconocimiento de cualificaciones y el programa Erasmus+, lo que facilita que un alumno pueda continuar estudios o trabajar en distintos países de la UE.

PARA SABER MÁS

Toda la nueva oferta formativa en ciclos de formación profesional podrá encontrarla en @todofp.es. También encontrará toda la información sobre convalidaciones, homologaciones y equivalencias, así como la FP en Europa.

EJERCICIO 4

Entre en la página web @todofp.es. Busque su familia y su título profesional básico. Seleccione los perfiles profesionales de su título y establezca, por prioridad de importancia, según sus aspiraciones profesionales. Después, comente por qué ha elegido dichas opciones.

6.4.1 Análisis de las ventajas e inconvenientes de las opciones educativas y profesionales desde el autoconocimiento

El **autoconocimiento** (valores, intereses, motivaciones, habilidades y limitaciones) es la herramienta clave para elegir entre las diferentes opciones. No existe un camino mejor o peor, sino el que mejor encaje con la personalidad y los objetivos de cada persona.

Para conocerse a uno mismo, se deben analizar sus habilidades, intereses, valores y metas profesionales. Es importante conocer las fortalezas y debilidades para encontrar roles que se alineen con sus habilidades y aspiraciones. Así, se puede dirigir la búsqueda de manera más estratégica. Para ello, se pueden utilizar herramientas como inventarios de habilidades, pruebas de personalidad (como Myers-Briggs) o análisis FODA personal, y complementarlo con un análisis CAME personal.

PARA SABER MÁS

En la evaluación MBTI (Myers-Briggs), se definen 16 tipos de personalidad. Dentro de cada uno, se toman en cuenta varios factores, como puntos débiles y fuertes, características, potenciales y preferencias. De esta manera, es posible entender mejor las acciones de cada uno en diferentes situaciones y momentos.

Visite, para más información, https://www.unir.net/salud/revista/tipos-personalidad-psicologia/#:~:text=Para explicar los tipos de,donde se establecen 16 tipos.

El **análisis FODA personal** constituye una técnica de planificación estratégica aplicada y empleada en el contexto personal. En ella, se analizan las debilidades, las oportunidades, las fortalezas y las amenazas de las personas en el cumplimiento de sus metas individuales. Permite comprender mejor su realidad, para establecer estrategias para la consecución de objetivos.

El análisis CAME personal es una herramienta complementaria, que da respuesta a la información arrojada por el análisis FODA. Se usa para marcar un plan, que permite corregir las debilidades, afrontar las amenazas, mantener las fortalezas y explotar las oportunidades.

EJERCICIO 5

Revise su propio análisis FODA que realizó en la unidad 4. Para ello, determine:

Empiece por las fortalezas que posee (educación, experiencia, conocimientos técnicos, actitud y cualidades personales y habilidades blandas), las cuales le aportan una ventaja competitiva sobre los demás. Siga por las debilidades, aquellos puntos negativos que tiene y las características que necesita mejorar, ya sea en su personalidad o educación, como conocimientos que debe mejorar o experiencia laboral. Después, reflexione sobre las oportunidades y amenazas que se encuentran en el entorno.

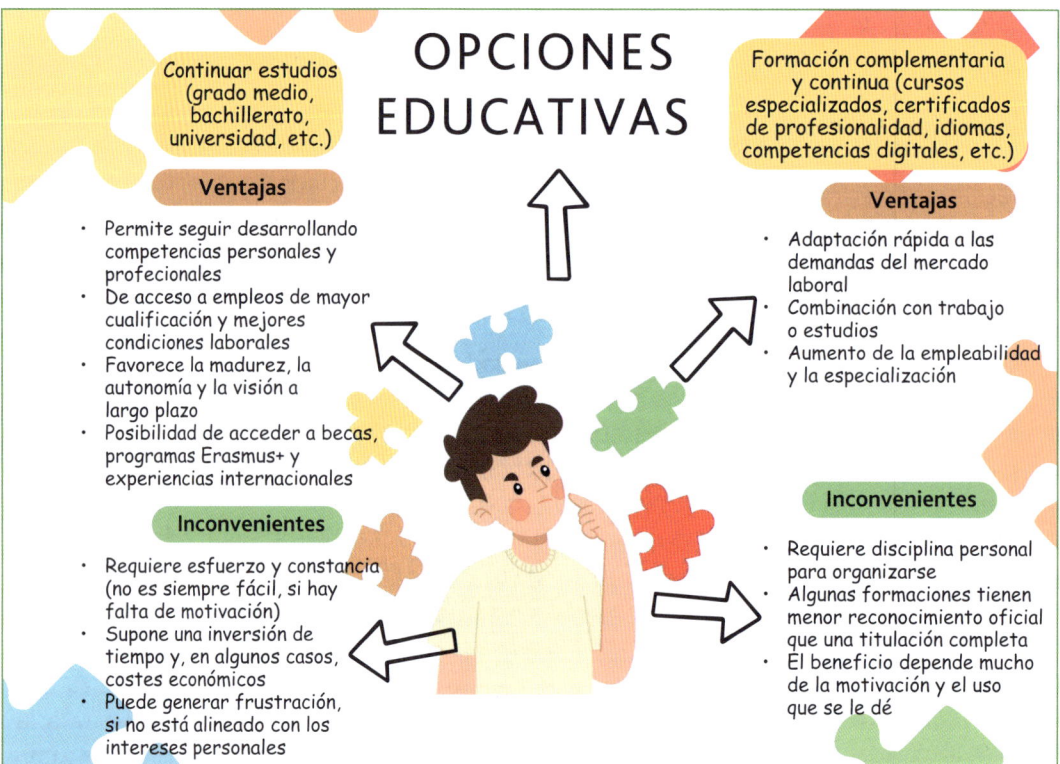

Figura 6.3
Ventajas e inconvenientes de las diferentes opciones educativas.

6.4.1.1. Análisis de las opciones profesionales

1. Trabajar por cuenta ajena. El trabajo conlleva una relación entre quien lo desempeña y la persona para quien lo realiza; es lo que se llama «relación laboral». Por lo tanto, dicha relación laboral se da cuando una persona (trabajador/a) presta sus servicios de manera voluntaria para otra (empresario/a o empleador), a cambio de un salario, dentro de un marco de dependencia y subordinación. Está regulado en el Estatuto de los Trabajadores.

Por lo tanto, será trabajador/a quien presta su trabajo personal, de forma voluntaria y por cuenta ajena. Y será empresario/a la persona física o jurídica que organiza, dirige y asume los riesgos de la actividad, pagando un salario a cambio.

Puede ser trabajador cualquier persona mayor de dieciocho años, un menor de dieciocho legalmente emancipado y un mayor de dieciséis que viva independiente o cuente con la autorización de sus representantes legales. También, si se trata de trabajadores de la Unión Europea, pueden trabajar libremente, porque existe la libre circulación de trabajadores en la UE y, si son fuera de la UE, necesitan autorización de trabajo y residencia para poder trabajar.

GLOSARIO

La emancipación permite que el menor de edad (menor de dieciocho años, pero mayor de dieciséis) pueda disponer de su persona y de sus bienes como si fuera mayor de edad.

Puede ser empresario una persona física mayor de edad; un menor de edad emancipado; un menor de edad, a través de sus representantes legales; una persona jurídica, como una sociedad, y también una comunidad de bienes.

El «contrato» es el acuerdo por el que se regula la relación laboral y puede ser verbal o escrito (aunque algunos contratos deben formalizarse por escrito).

El contenido mínimo incluye:

1. **Identificación de las partes** (empresa y trabajador)
2. **Fecha de inicio y duración** del contrato
3. **Lugar y centro de trabajo**
4. **Categoría o grupo profesional**
5. **Funciones y tareas principales**
6. **Jornada laboral y horario**
7. **Retribución (salario)**
8. **Periodo de prueba** (si lo hay)
9. **Duración de las vacaciones**
10. **Convenio colectivo de aplicación**

PARA SABER MÁS

En la página web www.sepe.es, puede encontrar los modelos de contratos en PDF autorrellenables para practicar.

https://www.sepe.es/HomeSepe/es/empresas/Contratos-de-trabajo/modelos-contrato.html

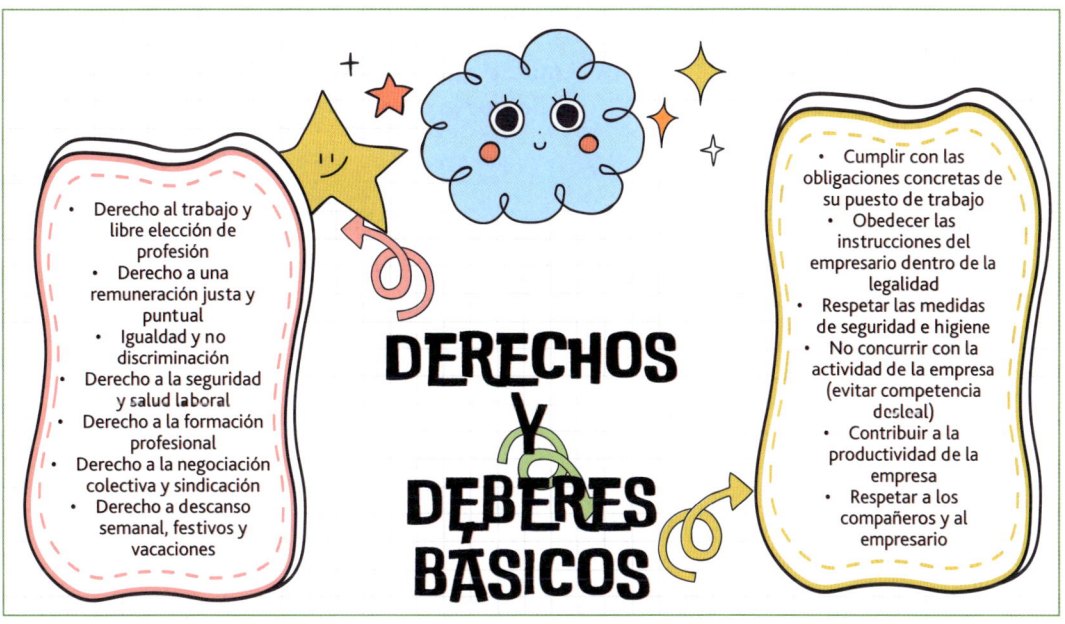

Figura 6.4 Derechos y deberes básicos de los trabajadores.

Es importante destacar que es un ***convenio colectivo*** ya que, si la norma principal es el Estatuto de los Trabajadores, el convenio colectivo también es norma por la que se regula la relación laboral. Además, surge de la negociación colectiva, que es un derecho de los trabajadores y sus representantes. Es, por lo tanto, un acuerdo entre trabajadores y empresarios, en el que se fijan las condiciones por las que se rigen las relaciones laborales dentro del ámbito de aplicación.

PARA SABER MÁS

Para solucionar los conflictos, se sigue el principio de negociación. Pero tanto empresarios como trabajadores tienen dos medios de presión, que son la huelga y el cierre patronal. Ambos conllevan la suspensión del trabajo, y estos medios de presión, para que sean legales, están sujetos a una serie de requisitos.

La ***jornada laboral*** es el trabajo que se presta a lo largo del tiempo ordinario. Su duración será la pactada en convenio colectivo o, en su defecto, no puede superar la del Estatuto de los Trabajadores (40 horas semanales de trabajo efectivo de promedio en cómputo anual). Aunque, actualmente, se prevé la modificación de la jornada a 37 horas semanales de trabajo efectivo de promedio en cómputo anual.

El salario es la retribución que el empresario da al trabajador en compensación de los servicios laborales que recibe de este. El cobro del salario constituye el principal derecho del trabajador y la obligación básica del empresario. Se considera «salario» todo aquello que percibe el trabajador en dinero o en especie y que retribuye tanto el trabajo efectivo realizado como los días de descanso obligatorios. En el caso del salario en especie, no podrá superar el 30 % de las percepciones salariales del traba-

Figura 6.5 Tipos de jornada.

jador. El empresario está obligado a entregar el ***recibo de salarios o nómina*** al trabajador, en el que se especifiquen las percepciones, así como los descuentos que se practiquen.

Figura 6.6 Modelo de recibo de salarios BOE-A-2014-11637 Orden ESS/2098/2014, del 6 de noviembre.

RECIBO INDIVIDUAL JUSTIFICATIVO DEL PAGO DE SALARIOS

Empresa:
Domicilio:
CIF:
CCC:

Trabajador:
NIF:
Núm. Afil. Seguridad Social:
Grupo profesional:
Grupo de Cotización:

Periodo de liquidación: del ...... de .... al ...... de .... de 20.... Total días

	IMPORTE	TOTALES
I. DEVENGOS		
1. Percepciones salariales		
Salario base		
Complementos salariales		
Horas extraordinarias		
Horas complementarias (contratos a tiempo parcial)		
Gratificaciones extraordinarias		
Salario en especie		
2. Percepciones no salariales		
Indemnizaciones o suplidos		
Prestaciones e indemnizaciones de la Seguridad Social		
Indemnizaciones por traslados, suspensiones o despidos		
Otras percepciones no salariales		
A. TOTAL DEVENGADO		
I. DEDUCCIONES		
1. Aportación del trabajador a las cotizaciones a la Seguridad Social y conceptos de recaudación conjunta %		
Contingencias comunes		
Desempleo		
Formación Profesional		
Horas extraordinarias		
TOTAL APORTACIONES		
2. Impuesto sobre la renta de las personas físicas		
3. Anticipos		
4. Valor de los productos recibidos en especie		
5. Otras deducciones		
B. TOTAL A DEDUCIR		
LÍQUIDO TOTAL A PERCIBIR (A – B)		

.... de .... de 20....

Firma y sello de la empresa RECIBÍ

DETERMINACIÓN DE LAS BASES DE COTIZACIÓN A LA SEGURIDAD SOCIAL Y CONCEPTOS DE RECAUDACIÓN CONJUNTA Y DE LA BASE SUJETA A RETENCIÓN DEL IRPF Y APORTACIÓN DE LA EMPRESA

CONCEPTO	BASE	TIPO	APORTACIÓN EMPRESA
1. Contingencias comunes: Importe remuneración mensual; Importe prorrata pagas extraordinarias; TOTAL			
2. Contingencias profesionales y conceptos de recaudación conjunta: AT y EP; Desempleo; Formación Profesional; Fondo Garantía Salarial			
3. Cotización adicional horas extraordinarias			
4. Base sujeta a retención del IRPF			

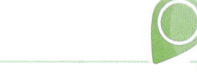

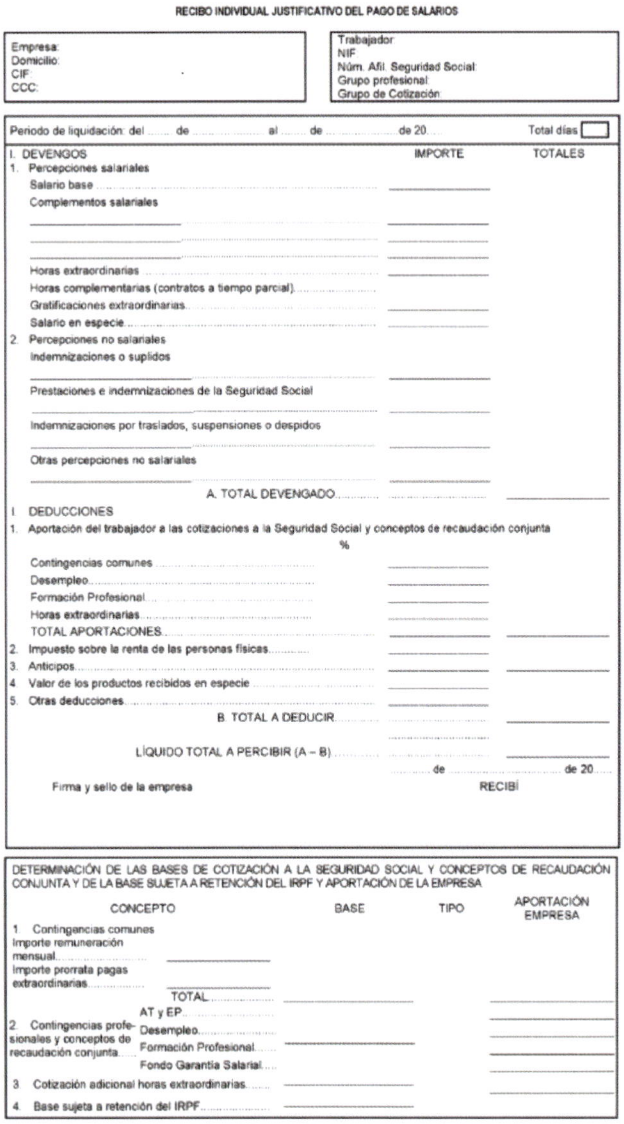

Podemos decir que las **partes principales de la nómina** son:

1. **Encabezado**

   f) Datos de la empresa y del trabajador

2. **Devengos (lo que ganas)**

   a) **Salario base** → cantidad fija por el trabajo

   b) **Complementos** → plus de transporte, antigüedad, nocturnidad, etc.

   c) **Horas extra** → si se hacen

3. **Deducciones (lo que descuentan)**

   a) **Seguridad Social** → para tener derecho a sanidad, paro, jubilación, etc.

   b) **IRPF** → impuestos que se pagan al Estado

4. **Líquido que percibir** → Es el **dinero que realmente llega a la cuenta bancaria** (salario neto).

EJEMPLO 2

Datos de la empresa y del trabajador

Empresa: Talleres Mecánicos XYZ, S. L.
Trabajador: Juan Pérez García
Categoría: ayudante de mecánico
Periodo de pago: enero de 2025

Nómina - Resumen

Concepto	Devengos (€)	Deducciones (€)
Salario base	1000	
Complemento de transporte	50	
Horas extra	0	
Seguridad Social		60
IRPF		40
TOTAL	1050	100
SALARIO NETO QUE COBRAR	950	

Observe la nómina ficticia proporcionada y responda a las siguientes preguntas:

1. ¿Cuál es el salario base del trabajador?
2. ¿Qué complemento se le añade al salario base y de cuánto es?
3. ¿Cuánto se descuenta por Seguridad Social?
4. ¿Cuánto se descuenta por IRPF?
5. ¿Cuál es el total de devengos (antes de las deducciones)?
6. ¿Cuál es el total de deducciones?
7. ¿Cuál es el salario neto que recibirá finalmente el trabajador?
8. Explique, con sus palabras, por qué el salario neto no es igual al salario base.

Solución:

1. Salario base: 1000 €
2. Complemento de transporte: 50 €
3. Descuento de Seguridad Social: 60 €
4. Descuento de IRPF: 40 €
5. Total de devengos: 1050 €
6. Total de deducciones: 100 €
7. Salario neto: 950 €
8. Porque al salario base se le suman complementos y, luego, se le restan las deducciones (impuestos y cotizaciones).

Datos de la empresa y del trabajador

Empresa: Consultoría Informática ABC, S. L.
Trabajador: Marta López Fernández
Categoría: auxiliar administrativo
Periodo de pago: febrero de 2025

Nómina - Resumen

Concepto	Devengos (€)	Deducciones (€)
Salario base	1200	
Complemento de transporte	70	
Horas extra	30	
Seguridad Social		80
IRPF		60
TOTAL	1300	140
SALARIO NETO QUE COBRAR	1160	

Conteste a las siguientes preguntas

1. ¿Cuál es el salario base del trabajador?

2. ¿Cuánto se paga por horas extra?

3. ¿Cuánto se descuenta por Seguridad Social?

4. ¿Cuánto se descuenta por IRPF?

5. ¿Cuál es el total de devengos (antes de las deducciones)?

En cuanto al acceso al mercado laboral directamente con FP básica, grado medio o sin estudios superiores, las ventajas e inconvenientes se presentan a continuación.

Ventajas

- Posibilidad de obtener ingresos de forma inmediata.

- Experiencia laboral temprana → desarrollo de competencias prácticas (responsabilidad, trabajo en equipo, disciplina, etc.).

- Aprendizaje directo en el entorno real de trabajo.

Inconvenientes

- Menores oportunidades de promoción profesional, si no se continúa formando.

- Posibilidad de empleos más precarios o temporales.

- Menor movilidad profesional en un futuro, si faltan titulaciones.

2. Trabajar por cuenta propia: autónomo

Un «trabajador autónomo» es aquella persona que realiza, de forma habitual, personal, directa, por cuenta propia y fuera del ámbito de dirección y organización de otra persona, una actividad económica o profesional a cambio de una retribución.

PARA SABER MÁS

En el siguiente enlace de la página del Ministerio de Trabajo y Economía Social, encontrará todo lo relacionado con las normas que son de aplicación: normativa de trabajadores autónomos.

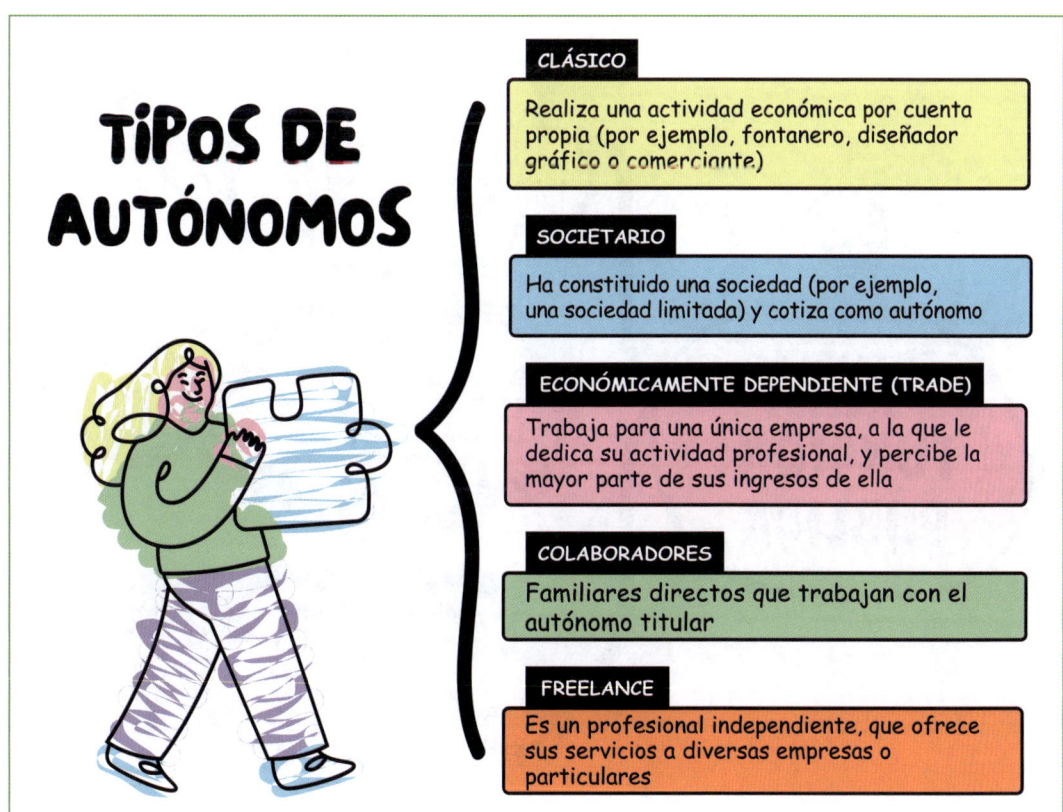

Figura 6.7 Tipos de autónomos.

En cuanto al trabajar por cuenta propia, es decir, al emprender, ya sea creando una *startup,* un negocio propio o autoempleo, las ventajas e inconvenientes se expresan a continuación.

Ventajas

- Libertad para decidir y poner en práctica ideas propias.

- Potencial de crecimiento personal y económico, si el proyecto funciona.

- Desarrollo de competencias, como liderazgo, creatividad, resiliencia, etc.

Inconvenientes

- Alto nivel de riesgo e incertidumbre.

- Necesidad de conocimientos en gestión, finanzas y *marketing.*

- Posible presión emocional y económica.

3. Trabajar en la Administración pública. Sistemas de acceso a la función pública

Trabajar en la Administración pública significa desempeñar un puesto en un organismo estatal, autonómico o local, ofreciendo servicios al ciudadano bajo un marco de estabilidad, imparcialidad y servicio público.

Los trabajadores pueden ser:

- **Funcionarios de carrera** → acceden mediante oposición y tienen plaza fija.

- **Personal laboral** → tienen contrato (indefinido o temporal), regulado por el Estatuto de los Trabajadores.

- **Funcionarios interinos** → cubren vacantes de forma temporal, hasta que se convoque una oposición.

En cuanto a trabajar para la Administración pública, las ventajas e inconvenientes se presentan a continuación.

Ventajas

- **Estabilidad laboral:** contratos fijos, tras aprobar oposición.

- **Seguridad económica:** salario estable, regulado y revisado periódicamente.

- **Conciliación:** horarios más previsibles, vacaciones y permisos regulados.

- **Prestigio social:** reconocimiento por pertenecer al sector público.

- **Igualdad de oportunidades:** acceso regulado por oposiciones, sin discriminación por contactos.

Inconvenientes

- **Proceso de acceso largo y exigente:** oposiciones que requieren mucha preparación.

- **Menor flexibilidad:** tareas y funciones más rígidas, menos innovación.

- **Progresión profesional lenta:** ascensos dependientes de antigüedad.

Figura 6.8 Sistema de acceso a la función pública.

- **Menor contacto con sectores emergentes:** innovación y digitalización que, a veces, van más lentas que en la empresa privada.

4. Trabajar en Europa

Puede ofrecer oportunidades y beneficios, pero requiere del cumplimiento de una serie de requisitos y de adaptarse a culturas y sistemas laborales diferentes.

Los pasos que seguir serán:

1.º Llevar a cabo una investigación y planificación sobre el país de destino, considerando aspectos como el idioma, el coste de la vida, el mercado laboral, la cultura y las condiciones laborales. También se han de identificar los sectores de mayor demanda de empleo.

2.º Se debe tener en cuenta qué documentación y permisos se necesita. Así, al ser ciudadanos de la Unión Europea, se tiene derecho a libre circulación y, por lo tanto, a vivir y trabajar en cualquier Estado miembro sin visado ni permiso de trabajo. También puede ocurrir que algún país solicite el registro en las autoridades locales si la estancia supera un periodo determinado de tiempo.

— PARA SABER MÁS —

Los ciudadanos de terceros países para trabajar en Europa necesitan obtener un visado de trabajo antes de viajar. Además del visado, puede ser necesario un permiso de residencia en el país.

3.º Para buscar empleo, se pueden utilizar portales como Eures, agencias de reclutamiento internacionales, ferias de empleo y red de contactos personales y profesionales.

— PARA SABER MÁS —

Entre en el portal de empleo Eures,

https://eures.europa.eu/index_es

4.º Se diseñan el *curriculum vitae* y la carta de presentación con el formato europeo, usando el formato CV Europass.

5.º Se prepara la entrevista de trabajo teniendo en cuenta la empresa y el puesto, así como la cultura laboral del país.

Trabajar en algún país miembro de la Unión Europea conlleva las ventajas e inconvenientes expuestos a continuación.

Ventajas

- **Oportunidades de crecimiento:** sectores emergentes (IA, digitalización, energías verdes, biotecnología, etc.)

- **Experiencia internacional:** mejora del currículo y apertura de puertas a trabajos globales

- **Aprendizaje de idiomas y competencias interculturales**

- **Salarios competitivos:** en muchos países europeos, son más altos que en España

- **Movilidad laboral garantizada por la UE:** reconocimiento de títulos y facilidad de desplazamiento

Inconvenientes

- **Barreras culturales y de adaptación:** diferencias de idioma, costumbres y normas

- **Incertidumbre inicial:** trámites, vivienda, integración social, etc.

- **Distancia de la familia y red de apoyo**

- **Competencia internacional:** a veces, se requiere mayor especialización

- **Coste de vida elevado** en algunos países (Alemania, Países Bajos, países nórdicos, etc.)

6.5 Proyecto profesional

La formación profesional da respuesta a la necesidad de personal especializado en los distintos sectores profesionales para responder a la actual demanda de empleo. Por ello, se debe llevar a cabo una planificación del futuro, ya sea académico o profesional.

Para ello, debemos establecer, en primer lugar, las metas u objetivos para poder acometer el proceso de toma de decisiones. Podemos ayudarnos en esta primera fase de reconocimiento de las diferentes alternativas, identificando las fortalezas, debilidades, amenazas y oportunidades para la inserción profesional (DAFO).

En segundo lugar, lo que haremos es establecer las alternativas (trabajar o seguir estudiando) que tenemos y, para ello, analizaremos las ventajas e inconvenientes. Es importante considerar los valores y prioridades, para saber qué es lo que realmente se desea. También hay que tener en cuenta los recursos de los que disponemos y los beneficios esperados.

En tercer lugar, elegiremos la alternativa más idónea y la pondremos en práctica. Puede ser que surjan contratiempos que nos hagan dudar o abandonar, con lo que deberemos buscar una alternativa mejor.

Cuando tenemos definida nuestra alternativa, y si se trata de buscar empleo, entonces, debemos llevar a cabo un **proyecto profesional,** que será el documento en el que identificamos los objetivos profesionales y personales. Así, evaluamos la formación, experiencia, cualidades y capacidades, para saber si se cumplen los requisitos que el mercado laboral está demandando.

Busque por internet varias ofertas de trabajo, para llevar a cabo un análisis de mercado, sobre qué buscan las empresas relacionadas con su perfil profesional. De todas, elija una y rellene la tabla inferior.

REQUISITOS	LOS CUMPLO		MEJORA
	SÍ	NO	
Titulación			
Idiomas			
Experiencia			
Requisitos personales (comunicación y trabajo en equipo)			
Otros (movilidad y carnés específicos)			
Salario			
Jornada			

Figura 6.9 Modelo de proyecto profesional.

Reto profesional

Objetivos: fomentar el autoconocimiento, definiendo un objetivo profesional realista, explorando itinerarios académicos y formativos, diseñando una estrategia de inserción laboral, promoviendo su desarrollo personal y aprendiendo a hacer un seguimiento y evaluación del propio proyecto profesional.

Para su realización, siga los pasos expuestos a continuación.

1. Autoconocimiento (punto de partida)

Describa sus fortalezas, debilidades, motivaciones y valores.

2. Objetivo profesional (aplicando método SMART)

Defina su meta profesional de forma específica, medible, alcanzable, realista y temporal.

3. Itinerario académico y formativo

Indique qué estudios y cursos piensa realizar.

4. Estrategia de inserción laboral

Explique cómo buscará empleo.

5. Plan de desarrollo personal

Detalle aspectos personales que mejorar.

6. Seguimiento y mejora

Indique cómo revisará su progreso.

1. **Estudiar los principios que se han de seguir expuestos en la unidad**

2. **Puesta en común en grupo**

   a. Cada persona comparte su resultado

   b. Se reflexiona sobre si no se cumplieron las normas y cómo se podría evitar

Mapa conceptual

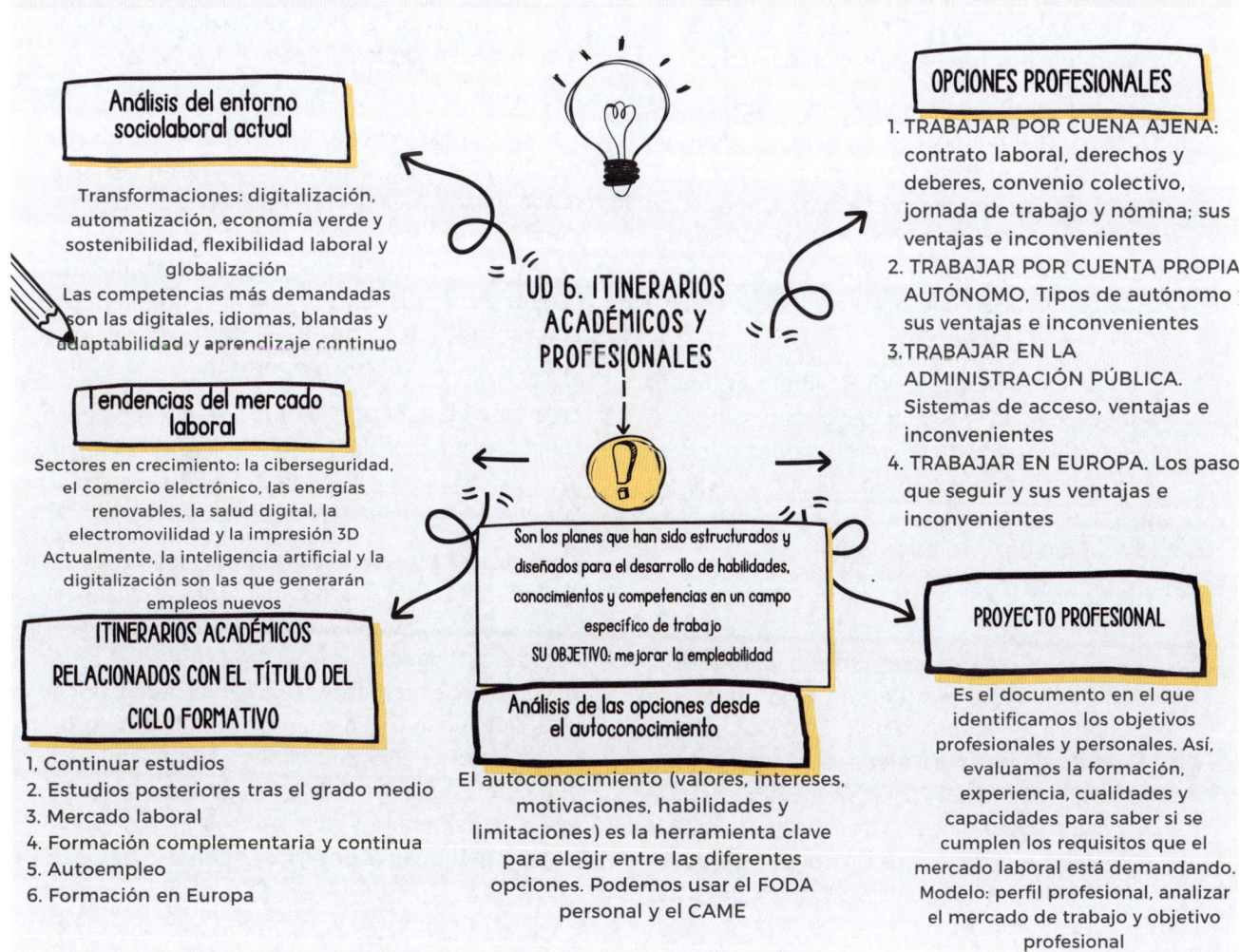

OPCIONES PROFESIONALES

1. TRABAJAR POR CUENA AJENA: contrato laboral, derechos y deberes, convenio colectivo, jornada de trabajo y nómina; sus ventajas e inconvenientes
2. TRABAJAR POR CUENTA PROPIA AUTÓNOMO, Tipos de autónomo sus ventajas e inconvenientes
3. TRABAJAR EN LA ADMINISTRACIÓN PÚBLICA. Sistemas de acceso, ventajas e inconvenientes
4. TRABAJAR EN EUROPA. Los paso que seguir y sus ventajas e inconvenientes

Análisis del entorno sociolaboral actual

Transformaciones: digitalización, automatización, economía verde y sostenibilidad, flexibilidad laboral y globalización
Las competencias más demandadas son las digitales, idiomas, blandas y adaptabilidad y aprendizaje continuo

Tendencias del mercado laboral

Sectores en crecimiento: la ciberseguridad, el comercio electrónico, las energías renovables, la salud digital, la electromovilidad y la impresión 3D
Actualmente, la inteligencia artificial y la digitalización son las que generarán empleos nuevos

UD 6. ITINERARIOS ACADÉMICOS Y PROFESIONALES

Son los planes que han sido estructurados y diseñados para el desarrollo de habilidades, conocimientos y competencias en un campo específico de trabajo
SU OBJETIVO: mejorar la empleabilidad

ITINERARIOS ACADÉMICOS RELACIONADOS CON EL TÍTULO DEL CICLO FORMATIVO

1. Continuar estudios
2. Estudios posteriores tras el grado medio
3. Mercado laboral
4. Formación complementaria y continua
5. Autoempleo
6. Formación en Europa

Análisis de las opciones desde el autoconocimiento

El autoconocimiento (valores, intereses, motivaciones, habilidades y limitaciones) es la herramienta clave para elegir entre las diferentes opciones. Podemos usar el FODA personal y el CAME

PROYECTO PROFESIONAL

Es el documento en el que identificamos los objetivos profesionales y personales. Así, evaluamos la formación, experiencia, cualidades y capacidades para saber si se cumplen los requisitos que el mercado laboral está demandando. Modelo: perfil profesional, analizar el mercado de trabajo y objetivo profesional

- Los itinerarios formativos profesionales son aquellos planes que han sido estructurados y diseñados para el desarrollo de habilidades, conocimientos y competencias en un campo específico de trabajo. Su objetivo es mejorar la empleabilidad.

- Al analizar el entorno sociolaboral, vemos una serie de transformaciones, tales como la digitalización y automatización, la economía verde y sostenibilidad o la flexibilidad laboral y la globalización. Las competencias más demandadas en el entorno sociolaboral actual son las competencias digitales, la adaptabilidad y aprendizaje continuo, los idiomas y las competencias blandas.

- Con relación a las tendencias del mercado laboral, se trata de nuevos sectores en crecimiento, como son la ciberseguridad, el comercio electrónico, las energías renovables, la salud digital, la electromovilidad y la impresión 3D. Estos sectores llevan consigo que la formación profesional haya crecido. Cobra gran importancia la movilidad internacional y se ha de destacar como oportunidad laboral el emprendimiento, ya que se fomenta gracias a los apoyos y ayudas para el autoempleo y la creación de startups. Actualmente, la inteligencia artificial y la digitalización generarán empleos nuevos, aunque haya roles que se automatizarán y surja la incertidumbre por la pérdida de empleos.

- En los itinerarios académicos relacionados con el título, encontramos los siguientes: continuar estudios en grado medio y curso de especialización, así como estudios posteriores, como grado superior, bachillerato y universitarios; acceder al mercado laboral; realizar formación complementaria y continua; acceder al autoempleo, y realizar formación en Europa.

- El autoconocimiento (valores, intereses, motivaciones, habilidades y limitaciones) es la herramienta clave para elegir entre las diferentes opciones académicas y profesionales. Para llevarlo a cabo, se realizará un análisis FODA personal, complementado por un análisis CAME.

- La relación laboral se da cuando una persona (trabajador/a) presta sus servicios de manera voluntaria para otra (empresario/a o empleador), a cambio de un salario, dentro de un marco de dependencia y subordinación. Está regulada en el Estatuto de los Trabajadores. Será trabajador/a quien presta su trabajo personal, de forma voluntaria y por cuenta ajena. Y será empresario/a la persona física o jurídica que organice, dirija y asuma los riesgos de la actividad, pagando un salario a cambio.

- El «contrato» es el acuerdo por el que se regula la relación laboral y puede ser verbal o escrito (aunque algunos contratos deben formalizarse por escrito).

- El convenio colectivo también es una norma por la que se regula la relación laboral. Además, surge de la negociación colectiva, que es un derecho de los trabajadores y sus representantes.

- La «jornada laboral» es el trabajo que se presta a lo largo del tiempo ordinario. Su duración será la pactada en convenio colectivo o, en su defecto, no puede superar la del Estatuto de los Trabajadores. Puede ser continuada o partida.

- El «salario» es la retribución que el empresario da al trabajador en compensación de los servicios laborales que recibe de este. El empresario está obligado a entregar el recibo de salarios o nómina al trabajador, donde se especifiquen las percepciones, así como los descuentos que se practiquen.

- Un «trabajador autónomo» es aquella persona que realiza, de forma habitual, personal, directa, por cuenta propia y fuera del ámbito de dirección y organización de otra persona, una actividad económica o profesional a cambio de una retribución. Puede ser clásico, societario, económicamente dependiente o TRADE, colaborador y freelance.

- Trabajar en la Administración pública significa desempeñar un puesto en un organismo estatal, autonómico o local, ofreciendo servicios al ciudadano bajo un marco de estabilidad, imparcialidad y servicio público. Pueden ser funcionarios de carrera, personal laboral y funcionarios interinos. En cuanto al acceso, puede ser por oposición, por concurso o por concurso-oposición.

- En el caso de trabajar en Europa, se ofrecen oportunidades y beneficios, pero requiere del cumplimiento de una serie de requisitos y de adaptarse a culturas y sistemas laborales diferentes.

- El «proyecto profesional» es el documento en el que identificamos los objetivos profesionales y personales. Así evaluamos la formación, experiencia, cualidades y capacidades, para saber si se cumplen los requisitos que el mercado laboral está demandando. En cuanto al modelo de proyecto profesional, distinguimos tres partes: 1.o el perfil profesional, es decir, qué soy; 2.o analizar el mercado de trabajo, es decir, qué hay, y 3.o, el objetivo profesional, es decir, qué y cómo lo busco.

TEST DE EVALUACIÓN

1. Los «itinerarios formativos profesionales»:
a) Son aquellos planes que no han sido estructurados y diseñados para el desarrollo de habilidades, conocimientos y competencias en un campo específico de trabajo.
b) Son aquellos planes que han sido estructurados y diseñados para el desarrollo de habilidades, conocimientos y competencias en un campo específico de trabajo.
c) Son aquellos planes que han sido estructurados y diseñados para el desarrollo de habilidades, conocimientos y competencias en un campo genérico de trabajo.
d) Todas son correctas.

2. Una empresa emergente *(startup)* **es:**
a) Una empresa emergente.
b) Se caracteriza por ser innovadora, escalable y con potencial de rápido crecimiento.
c) Suele nacer para resolver un problema de manera creativa y diferente.
d) Todas son ciertas.

3. Para conocerse a uno mismo:
a) No es necesario analizar sus habilidades, intereses, valores y metas profesionales.
b) No es importante conocer sus fortalezas y debilidades para encontrar roles que se alineen con las habilidades y aspiraciones.
c) Se pueden utilizar herramientas como inventarios de habilidades, pruebas de personalidad (como Myers-Briggs) y análisis FODA personal, y complementarlo con un análisis CAME personal.
d) Ninguna de las anteriores.

4. Un «convenio colectivo» es:
a) Una norma con la que se regula la relación laboral.
b) Surge de la negociación colectiva, que es un derecho de los trabajadores y sus representantes.
c) Es un acuerdo entre trabajadores y empresarios, en el que se fijan las condiciones que han de regir las relaciones laborales dentro de su ámbito de aplicación.
d) Todas son correctas.

5. La jornada ordinaria de trabajo:
a) Puede superar las nueve horas diarias.
b) No es necesario el descanso entre jornadas.
c) Es la que se establece el Estatuto de los Trabajadores.
d) Ninguna de las anteriores.

6. El «salario» es:
a) Todo aquello que percibe el trabajador en dinero o en especie y que retribuye el trabajo efectivo realizado, como los días de descanso obligatorios.
b) El salario en especie, que podrá superar el 30 % de las percepciones salariales del trabajador.
c) El cobro del salario constituye una obligación del trabajador y el principal derecho del empresario.
d) Todas las anteriores.

7. Trabajar en la Administración pública significa:
a) Que sus trabajadores pueden ser funcionarios de carrera, personal laboral y funcionarios interinos.
b) Desempeñar un puesto en un organismo estatal, autonómico o local, ofreciendo servicios al ciudadano bajo un marco de estabilidad, imparcialidad y servicio público.
c) Las formas de acceso son por concurso, concurso-oposición y por oposición.
d) Todas las anteriores.

8. Un «funcionario de carrera» es:
a) Quien tiene contrato (indefinido o temporal) regulado por el Estatuto de los Trabajadores.
b) Accede mediante oposición y tiene plaza fija.
c) Cubre vacantes de forma temporal, hasta que se convoque una oposición.
d) Ninguna de las anteriores.

9. Un «trabajador autónomo»:
a) Es aquella persona que realiza, de forma habitual, personal, directa, por cuenta propia y fuera del ámbito de dirección y organización de otra persona, una actividad económica o profesional a cambio de una retribución.
b) Es aquella persona que no realiza, de forma habitual, personal, directa, por cuenta propia ni dentro del ámbito de dirección y organización de otra persona, una actividad económica o profesional a cambio de una retribución.
c) Es aquella persona que realiza, de forma habitual, personal, directa, por cuenta ajena y fuera del ámbito de dirección y organización de otra persona, una actividad económica o profesional a cambio de una retribución.
d) Todas son correctas.

10. El «proyecto profesional»:
a) Se usa para buscar empleo, después de fijar una alternativa.
b) Será el documento en el que identificamos los objetivos profesionales y personales.
c) Se evalúa la formación, experiencia, cualidades y capacidades, para saber si se cumplen los requisitos que el mercado laboral está demandando.
d) Todas son correctas.

ACTIVIDAD 1

Un peón de la construcción se niega a utilizar el casco de seguridad, sin seguir las instrucciones del encargado de la obra. Comente esta situación y diga qué consecuencias puede tener su conducta.

ACTIVIDAD 2

Algunos trabajadores del sector del metal secundan una huelga en su empresa, pero otros han decidido ir a trabajar y se han encontrado con las cerraduras selladas y las puertas bloqueadas. Comente esta situación.

ACTIVIDAD 3

Realice una búsqueda en internet, para saber qué convenio colectivo se puede aplicar a su actividad laboral dentro de la familia profesional de la formación profesional de grado básico que está cursando.

ACTIVIDAD 4

Luis, alumno de FP básica en Informática y Comunicaciones, tiene interés en las nuevas tecnologías y sueña con ser su propio jefe. Quiere crear una startup, que ofrezca una aplicación móvil para organizar el tiempo de estudio de los alumnos, con recordatorios y consejos personalizados. En un grupo pequeño (tres-cuatro alumnos), desarrolle el planteamiento inicial; es decir, determine la idea de negocio, su objetivo principal y quiénes serán sus clientes; establezca, asimismo, una conclusión, para poder debatir con el grupo clase.

ACTIVIDAD 5

Entre en la página https://administracion.gob.es/pagFront/ofertasempleopublico/resultadosEmpleo.htm y busque tres convocatorias de empleo público que se ajusten a su titulación.

Estrategias de acceso al mercado de trabajo por cuenta ajena

En esta unidad va a estudiar:

- El proceso de búsqueda de empleo
- El análisis y la selección de ofertas, según el perfil profesional personal
- La creación y difusión de la marca personal
- El *curriculum vitae*
- La carta de motivación

Con su estudio, va a ser capaz de:

- Analizar la búsqueda de empleo como un proceso.
- Identificar las diferentes fuentes de información de acceso al empleo.
- Analizar las distintas técnicas utilizadas para la búsqueda de empleo por cuenta ajena.
- Poner en práctica las diferentes herramientas que permitan una búsqueda de empleo óptima.

7.1 El proceso de búsqueda de empleo

La «búsqueda de empleo» es un **camino organizado** que sigue una persona para encontrar un puesto de trabajo. No consiste solo en enviar currículos, sino en **planificar, prepararse y utilizar diferentes recursos,** para aumentar las posibilidades de éxito.

Pasos que seguir

1.º Autoconocimiento. Las estrategias para la búsqueda de empleo son acciones planificadas que una persona puede llevar a cabo para aumentar sus posibilidades de encontrar un trabajo. Se debe preguntar:

- «Qué me gusta hacer»
- «Qué sé hacer (conocimientos y habilidades)»
- «Qué puedo ofrecer a una empresa»

Por lo tanto, la búsqueda de empleo efectiva comienza con una autoevaluación profunda y una preparación meticulosa. Para conocerse a uno mismo, se deben analizar sus habilidades, intereses, valores y metas profesionales. Es importante conocer sus fortalezas y debilidades, para encontrar roles que se alineen con sus habilidades y aspiraciones. Así, se puede dirigir la búsqueda de manera más estratégica. Para ello, se pueden utilizar herramientas como inventarios de habilidades, pruebas de personalidad (como Myers-Briggs) y análisis FODA personal, y complementarlo con un análisis CAME personal.

--- PARA SABER MÁS ---

En la evaluación MBTI (Myers-Briggs), se definen 16 tipos de personalidad. Dentro de cada uno, se toman en cuenta varios factores como puntos débiles y fuertes, características, potenciales y preferencias. De esta manera, es posible entender mejor las acciones de cada uno en diferentes situaciones y momentos.

El **análisis FODA personal (visto en la unidad 4)** constituye una técnica de planificación estratégica aplicada y empleada en el contexto personal. En ella, se analizan las debilidades, oportunidades, fortalezas y amenazas de las personas en el cumplimiento de sus metas individuales y les permite comprender mejor su realidad para establecer estrategias para la consecución de objetivos.

El análisis CAME personal es una herramienta complementaria, que da respuesta a la información arrojada por el análisis FODA. Se usa para marcar un plan que permite corregir las debilidades, afrontar las amenazas, mantener las fortalezas y explotar las oportunidades.

EJERCICIO 1

Realice el siguiente cuestionario de autoconocimiento para la búsqueda de empleo.

Instrucciones: lea cada pregunta y responda con sinceridad. No hay respuestas correctas o incorrectas. El objetivo es conocerse mejor, para tomar decisiones sobre su futuro laboral.

1. Intereses personales

1. ¿Qué tareas disfruta más cuando está en clase o en prácticas?
2. ¿Qué tipo de trabajos le resultan más interesantes (manuales, con personas, con tecnología, con ordenadores…)?
3. Si pudiera elegir cualquier empleo, ¿cuál sería y por qué?

2. Habilidades y competencias

4. ¿Qué cosas se le dan bien o le resultan fáciles (por ejemplo, trabajar en equipo, arreglar cosas, hablar con la gente…)?
5. ¿Qué le gustaría mejorar para sentirse más preparado para trabajar?
6. ¿Cómo reacciona cuando tiene un problema o algo no le sale bien?

3. Valores y actitudes

7. ¿Qué valores considera importantes en el trabajo (por ejemplo, puntualidad, respeto, esfuerzo u honestidad)?
8. ¿Prefiere trabajar solo o en grupo? Explique por qué.
9. ¿Qué espera de su futuro empleo, además del dinero (por ejemplo, aprender, estabilidad, ayudar a otros…)?

4. Metas y motivación

10. ¿Qué objetivo le gustaría alcanzar en los próximos dos años?
11. ¿Qué pasos podría dar para conseguirlo (formación, prácticas, buscar empleo…)?
12. ¿Quién o qué lo motiva a seguir mejorando cada día?

5. Autoevaluación

Marca del 1 al 5 su nivel en cada competencia (1 = muy bajo, 5 = muy alto).

Competencia personal o social	1	2	3	4	5
Puntualidad y asistencia					
Responsabilidad en las tareas					
Trabajo en equipo					
Comunicación y escucha activa					
Capacidad para resolver problemas					
Motivación y actitud positiva					

6. Conclusión personal

¿Qué conclusiones saca sobre usted después de responder este cuestionario?

2.° Información sobre el mercado laboral. En primer lugar, se ha de conocer **qué sectores están creciendo** (por ejemplo, digitalización, energías renovables o logística); luego, hay que identificar qué **perfiles buscan las empresas** y qué competencias valoran y, por último, explorar las diferentes **fuentes de información:** páginas web, redes sociales, servicios públicos de empleo o ferias de empleo.

En los sectores de la actividad económica, se establece una clasificación de la economía, en función del tipo de proceso productivo que lo caracteriza. Así, en la economía española, el mayor peso lo tiene el sector de los servicios.

Figura 7.1 Sectores de actividad.

EJERCICIO 2

Busque cuatro ofertas de empleo y clasifíquelas según el sector de actividad al que pertenecen determinando el puesto de trabajo y la descripción de la oferta.

Por lo tanto, dentro de los **puestos de trabajo** más demandados, encontramos los perfiles tecnológicos, que siguen teniendo una alta demanda. Aunque se sigue solicitando perfiles tecnológicos y sanitarios, también en la hostelería, comercio, logística y transporte. Debemos destacar que los puestos de trabajo más demandados llevan las exigencias que trajo la pandemia, como la necesidad de distanciarse, nuevos hábitos de trabajo, reestructuración de los espacios y del mobiliario o auge del *home office* o teletrabajo.

En el mercado laboral, al redactar ofertas de empleo, vemos que hay un requerimiento, que es la titulación en la mayoría, aunque también se requiere de una formación específica para ese trabajo; es decir, que se precisa de experiencia. Por ello, es importante destacar que las titulaciones son polivalentes y permiten el acceso a variedad de funciones. Los requisitos que se piden en las ofertas de empleo son los siguientes:

- Idiomas: se requiere el dominio de una lengua extranjera. El más valorado es el inglés, seguido del francés y alemán; sobre todo, en puestos de responsabilidad. Se debe a la internacionalización de los mercados. Es importante destacar que, en España, existen lenguas cooficiales y que, en el ámbito de la comunidad autónoma, pueden ser exigibles para determinados puestos de trabajo.

- Estudios de posgrado: para puestos de director o gerente.

- Nivel informático: dado que la información se mueve por sistemas computerizados e interconectados, se requiere un mínimo de conocimientos informáticos.

- Edad: dependerá de la categoría profesional su incremento aunque, en puestos equivalentes de distintas áreas funcionales, se requiere una edad diferente.

- Inteligencia emocional, que es lo más valorado hoy día, la cual determina cómo nos manejamos con nosotros mismos y los demás. Por ello, la empresa lo que busca es esa cualidad diferenciadora entre las personas: no solo el conocimiento de la función que desarrollar, sino las habilidades interpersonales que tenga para poder trabajar con otras personas.

GLOSARIO

La «inteligencia emocional» es un conjunto de destrezas, actitudes, habilidades y competencias que determinan la conducta de un individuo en reconocer y comprender las emociones tanto de sí mismo como en los demás.

3.° Explorar tanto el mercado local como las oportunidades en otras regiones o incluso en Europa (programa Eures).

Para localizar las ofertas, deberemos utilizar canales de búsqueda tales como:

- **Red de contactos personales.** Es lo que se denomina *networking,* que significa establecer y mantener relaciones profesionales con quienes pueden ofrecer apoyo, consejo, información, oportunidades laborales o colaboraciones. Implica interactuar con otros, ya sea en redes sociales, grupos de interés o conexiones personales. Por lo tanto, se trata de una herramienta para el crecimiento profesional y el éxito laboral. También nos sirve para desarrollar nuestra marca personal, que veremos más adelante, al compartir contenido relevante en redes sociales y mantener relaciones profesionales positivas, puesto que construyen una reputación sólida y una marca personal fuerte en su campo. Es importante mantener las redes de contacto a lo largo del tiempo, para aprovechar al máximo los beneficios de estas, en la carrera profesional.

CURIOSIDADES

La marca personal abarca no solo la experiencia laboral o habilidades técnicas; también otros aspectos, como la personalidad, los valores, las pasiones y la forma de interactuar con el mundo. Algunos de sus elementos son la autenticidad, la consistencia, la diferenciación, la reputación, la visibilidad y el propósito (el porqué de todo lo que se hace).

- **Autocandidatura,** que consiste en enviar el *curriculum vitae* a las empresas que pueden necesitar trabajadores con su perfil profesional. A veces, se presentan en la propia web de la empresa.

- **Portales web de empleo** (InfoJobs, Indeed e Infoempleo).

- **SEPE** (Servicio Público de Empleo Estatal) y servicios autonómicos de empleo.

- **Agencias de colocación y ETT** (Randstad, Adecco y Manpower).

- **Cámaras de comercio** y asociaciones profesionales.

- **Centros de formación:** bolsa de empleo para alumnos y exalumnos.

- **Prácticas de FP:** muchas veces, son una puerta directa a un contrato.

El **trabajo en Europa** puede ofrecer oportunidades y beneficios, pero requiere del cumplimiento de una serie de requisitos y de adaptarse a culturas y sistemas laborales diferentes.

Los pasos que seguir serán:

1.º Llevar a cabo una investigación y planificación sobre el país de destino considerando aspectos como el idioma, el coste de la vida, el mercado laboral, la cultura y condiciones laborales. También se han de identificar los sectores de mayor demanda de empleo.

2.º Se debe tener en cuenta qué documentación y permisos se necesita. Así, al ser ciudadanos de la Unión Europea, se tiene derecho a la libre circulación y, por lo tanto, a vivir y trabajar en cualquier Estado miembro sin visado ni permiso de trabajo. También puede ocurrir que algún país solicite el registro en las autoridades locales, si la estancia supera un periodo determinado de tiempo.

PARA SABER MÁS

Los ciudadanos de terceros países para trabajar en Europa necesitan obtener un visado de trabajo antes de viajar. Además del visado, puede ser necesario un permiso de residencia en el país.

3.º Para buscar empleo, se pueden utilizar portales como Eures, agencias de reclutamiento internacionales, ferias de empleo y red de contactos personales y profesionales.

PARA SABER MÁS

Entre en el portal de empleo Eures

https://eures.europa.eu/index_es

4.º Se diseñan el *curriculum vitae* y la carta de presentación con el formato europeo, usando el formato CV Europass.

5.º Se prepara la entrevista de trabajo, teniendo en cuenta la empresa y el puesto de trabajo, así como la cultura laboral del país.

4.º Herramientas y recursos digitales. Algunas serían las siguientes:

- **Páginas web de empleo**
  - InfoJobs, Indeed, Infoempleo y LinkedIn Empleos
  - SEPE y portales autonómicos

- **Redes sociales profesionales**
  - **LinkedIn:** crear un perfil básico; añadir estudios, prácticas e intereses, y empezar a seguir empresas del sector
  - **X (Twitter) y Facebook:** seguir páginas de empresas que publican ofertas

- ***Apps* móviles de empleo:** para recibir alertas de nuevas vacantes

Además, deberemos preparar nuestro *curriculum vitae* y la carta de presentación, y prepararse para afrontar una posible entrevista de trabajo y alguna prueba de selección. Por lo tanto, el proceso de búsqueda de empleo no se limita a enviar currículos: implica planificar, usar las herramientas digitales adecuadas, mantener una actitud proactiva y aprovechar los recursos de formación y orientación disponibles.

EJERCICIO 3

Ana, alumna que acaba de terminar FP básica en Servicios Administrativos, quiere encontrar su primer empleo relacionado con lo que ha estudiado. Determine qué debe realizar en los siguientes pasos (este ejercicio puede realizarse en un grupo pequeño de tres-cuatro alumnos/as):

1. Autoconocimiento
2. Información sobre el mercado laboral
3. Preparación de herramientas personales
4. Estrategias de búsqueda
5. Participación
6. Evaluación y mejora continua

7.2 Análisis y selección de ofertas según el perfil profesional personal

El proceso de buscar empleo no consiste solo en enviar currículos a todas las ofertas disponibles, sino de analizar y seleccionar aquellas que encajan mejor con nuestras características, competencias e intereses.

1. Análisis del perfil profesional personal

Antes de revisar ofertas, es importante que el alumno haga un autoanálisis:

- Formación y titulación: FP básica, cursos adicionales, certificados, etc.
- Experiencia previa: prácticas en empresa, trabajos de verano, voluntariado, etc.
- Competencias personales: responsabilidad, trabajo en equipo, comunicación, puntualidad, etc.
- Intereses y motivaciones: tipo de empresa, sector (taller mecánico, logística, hostelería, etc.) y posibilidad de aprender y crecer.

2. Revisión de ofertas de empleo

Al consultar páginas web de empleo (Infojobs, Indeed, SEPE, portales autonómicos o LinkedIn), es necesario fijarse en:

- Requisitos mínimos: titulación exigida, experiencia, idiomas, carné de conducir, etc.
- Funciones del puesto: tareas diarias que se deberán realizar.
- Condiciones laborales: jornada, salario o lugar de trabajo.
- Posibilidades de formación y promoción: si la empresa ofrece aprendizaje continuo.

3. Selección de ofertas adecuadas

El alumno debe elegir aquellas ofertas que:

- Se ajusten a su nivel de formación y competencias.
- Le permitan seguir desarrollándose profesionalmente.
- Sean realistas y viables (por ejemplo, distancia de la empresa u horario compatible).
- Estén alineadas con sus metas personales.

EJEMPLO 1

Ana, alumna de FP básica en Servicios Administrativos, busca empleo tras terminar sus prácticas. Revisa tres ofertas:

1. Auxiliar administrativo en empresa de transportes
   a. Requisitos: FP básica o ciclo medio, manejo de Word y Excel.
   b. Condiciones: jornada completa, salario según convenio, contrato inicial de seis meses, etc.
2. Recepcionista en hotel
   a. Requisitos: nivel medio de inglés y experiencia previa en atención al cliente
   b. Condiciones: turnos rotativos y salario algo superior al convenio
3. Cajera en supermercado
   a. Requisitos: sin estudios específicos y disponibilidad horaria
   b. Condiciones: jornada parcial y contrato indefinido

SOLUCIÓN:

- Ana descarta la segunda oferta, porque no tiene suficiente nivel de inglés.
- La tercera es viable, pero no está directamente relacionada con sus estudios.
- La primera es la más adecuada, porque coincide con su formación en FP básica de Administración, usa programas que ya maneja y le permitirá ganar experiencia relacionada con su perfil.

Por lo tanto, Ana se postula a la primera oferta y prepara un currículo adaptado a ese puesto, destacando sus prácticas en oficina y el manejo de programas informáticos.

EJERCICIO 4

Busque tres ofertas de empleo atendiendo a su nivel de formación y competencias y, siguiendo el ejemplo anterior, seleccione una de ellas fundamentando el motivo y basándose en los requisitos y condiciones del puesto de trabajo ofrecido. Puede usar páginas web, como InfoJobs, Indeed, Infoempleo o LinkedIn Empleos.

7.3 Creación y difusión de la marca personal

La **marca personal** es la huella que dejamos en los demás, cómo nos ven y qué imagen transmitimos en el ámbito personal y profesional. Después de haber definido las fortalezas, intereses y valores, se determina qué tipo de trabajo se quiere. Para ello, se ha de cuidar la imagen profesional (ya sea con un currículo bien diseñado, un perfil de LinkedIn actualizado o siendo respetuoso en redes) y, sobre todo, destacando aquello que nos hace únicos (como las habilidades digitales, la creatividad, los idiomas o la capacidad de trabajo en equipo).

Para llevar a cabo la difusión de la marca personal, la primera forma de mostrar quiénes somos es a través del *curriculum vitae* y la carta de presentación; también mediante las redes sociales profesionales (LinkedIn), porque se comparten logros académicos, cursos o proyectos. Otra forma de darse a conocer será participando en eventos como ferias de empleo, charlas, talleres o voluntariado. Y, en el caso de profesiones creativas (diseño, informática o comunicación), se recomienda mostrar trabajos en una web o blog personal; es decir, tener un portafolio digital.

Como se comentó anteriormente, la **red de contactos** o *networking,* que es el conjunto de personas con quienes nos relacionamos y que puede ayudar a crecer personal y profesionalmente, esas fuentes de contactos serían los compañeros de clase, profesores, tutores de prácticas, antiguos jefes, familiares, amigos, etc. Para mantenerlos, lo importante es interactuar de forma respetuosa, pedir consejos sin ser insistente y, sobre todo, compartir información útil (por ejemplo, avisar de ofertas de empleo). Es importante, porque muchas oportunidades laborales llegan a través de contactos, no solo de portales de empleo.

7.3.1 Riesgos de un mal uso de la marca personal y la red de contactos

La marca personal y la red de contactos son herramientas clave para la empleabilidad, pero requieren **cuidado, coherencia y responsabilidad.** Una buena gestión abre puertas; un mal uso puede cerrarlas antes de empezar. Se puede considerar un mal uso:

1. La mala imagen en redes sociales: al publicar contenidos ofensivos, insultos o fotos comprometidas puede afectar a la reputación.

2. La información falsa o exagerada en el CV, ya que puede descubrirse fácilmente y genera desconfianza.

3. El mal uso de los contactos ya que, si se piden favores de forma abusiva o no se es agradecido, deteriora la relación.

4. La falta de privacidad al compartir datos personales, como el teléfono o la dirección, en redes abiertas, puede ser un riesgo de seguridad.

Figura 7.2 Cuadro comparativo del buen uso frente al mal uso.

Buen uso	Mal uso
Perfil profesional actualizado en LinkedIn	Publicaciones ofensivas en redes sociales
Compartir logros académicos o formativos	Compartir datos personales sin privacidad
Pedir recomendaciones y mantener contactos	Exagerar logros o mentir en el CV
Separar la vida personal de la profesional	Mezclar ocio con redes laborales

EJERCICIO 5

Carlos es alumno de FP básica en Electromecánica de Vehículos. Está terminando sus prácticas en un taller y quiere prepararse para buscar empleo. Determine qué haría en los siguientes pasos:

1. Creación de la marca personal.

2. Difusión de la marca personal.

3. Construcción de la red de contactos.

4. Riesgos de un mal uso: cuadro comparativo.

7.4 El *curriculum vitae*

Es el documento donde se refleja nuestro historial académico y profesional, con el objetivo de conseguir un empleo. No existe un modelo, pero debe causar buena impresión y adaptarse a las distintas ofertas. Puede utilizar plantillas para generarlo, como canva.com.

EJERCICIO 6

Elabore su *curriculum vitae* teniendo en cuenta que ya ha terminado la formación profesional básica que está cursando.

Figura 7.3 Estructura del *curriculum vitae*.

También cabe la posibilidad de realizar un **videocurrículo digital,** una grabación en vídeo de dos o tres minutos de duración, en la que el aspirante da a conocer su formación y trayectoria profesional. En este caso, es importante ser natural, breve y cuidar el lenguaje, los gestos y el entorno.

PARA SABER MÁS

Si quiere utilizar la técnica de elevator pitch como técnica de autocandidatura, visione este vídeo de Alicia Ro, que lo ayudará a prepararlo:

https://www.youtube.com/watch?v=uv357YzY7-k

EJERCICIO 7

Prepare su propia autocandidatura. Para ello, en un grupo pequeño (tres alumnos), primero, elabore el guion siguiendo los siete pasos descritos en el vídeo tutorial de Alicia Ro; en segundo lugar, ensaye el guion preparado y, después, grábelo para visionarlo y ver en qué se puede mejorar.

Anteriormente, dentro de las herramientas y recursos digitales, se comentó que unas de ellas eran las redes sociales profesionales. Las **redes sociales,** en general, son plataformas en línea, que permiten crear perfiles personales o profesionales, para conectarse con otras personas, interactuar, compartir contenido y participar en comunidades virtuales. Ejemplos:

- Facebook: se crean perfiles personales, para compartir actualizaciones de estado, fotos y vídeos, y conectar así con amigos y familiares.

- Instagram: sirve para compartir fotos y vídeos cortos, con filtros de imagen, historias temporales y seguimiento a otros usuarios, para ver su contenido.

- Twitter (actualmente X): es un servicio que permite a los usuarios publicar tuits cortos de hasta 280 caracteres, seguir otras cuentas y participar en conversaciones.

- LinkedIn: se dirige a profesionales, con conexiones laborales, con el fin de buscar empleo, compartir contenido y participar en grupos de discusión.

- YouTube: se trata de una plataforma de vídeo que permite a los usuarios cargar, ver, comentar y compartir vídeos sobre una amplia variedad de temas, desde entretenimiento hasta tutoriales y educación.

- Snapchat: esta aplicación de mensajería está centrada en compartir fotos y vídeos cortos, que desaparecen después de ser vistos, con características como filtros de realidad aumentada y mensajes efímeros.

- TikTok: constituye una red social de vídeos cortos, donde los usuarios pueden crear y compartir clips de hasta sesenta segundos, con una amplia gama de contenido creativo y entretenido.

PARA SABER MÁS

Las redes sociales profesionales son plataformas en línea diseñadas específicamente para conectar a profesionales de diversos sectores, facilitar el networking, compartir contenido relacionado con el trabajo y buscar oportunidades laborales. Algunas de las redes sociales profesionales más populares son LinkedIn, Viadeo y Xing.

Al usar redes sociales, la persona se ve expuesta a unos peligros asociados, como son el robo de identidad; el acoso; el hostigamiento y la intimidación en línea, desinformación y manipulación; la adicción y dependencia, o la exposición a contenido no apropiado, lo cual puede generar un impacto en la salud mental, debido a un uso excesivo de redes sociales, lo que deriva en problemas de salud mental, como la ansiedad, la depresión, la baja autoestima y la comparación social.

Para reducir estos riesgos, se deben utilizar las redes sociales de forma responsable, estableciendo límites de tiempo y, sobre todo, educarse en los riesgos asociados, para usarlas de forma segura y consciente.

EJERCICIO 8

Cree su propio perfil en LinkedIn; para ello, siga estos pasos: entre en linkedin.com. Haga clic en «unirse ahora». Hay un formulario de registro, donde se le pide información básica. Después, agregue información de su perfil. Es recomendable agregar una foto a su perfil. Puede personalizar su URL de perfil. Una vez completado, ya puede conectar con otros usuarios, por medio de una solicitud de conexión.

7.4.1 El currículo Europass

El **modelo Europass** es una herramienta oficial de la **Unión Europea,** que facilita la **presentación clara y uniforme de la formación y experiencia** de las personas en toda Europa.

Se utiliza especialmente cuando quiere:

- Trabajar o estudiar en otro país de la Unión Europea.
- Solicitar prácticas o programas de movilidad internacional (como Erasmus+).

Características de Europass

- Es un formato estándar válido en todos los países de la UE.
- Facilita que las empresas y centros educativos europeos entiendan sus cualificaciones.
- Se puede rellenar **en línea y gratuitamente** desde la web oficial.

Sitio oficial: https://europa.eu/europass/es

PARA SABER MÁS

Si busca empleo en Europa, debe darse de alta en el portal europeo de movilidad profesional Eures (eures.europa.eu). En este portal, se registra como demandante de empleo y dispone de una red de consejeros que lo asesorarán. Además, puede elaborar su curriculum vitae Europass y su pasaporte de lenguas desde la misma página.

7.4.2 Herramientas digitales para elaborar un CV

Hoy día, existen muchas herramientas en línea gratuitas y fáciles de usar para crear un CV profesional, sin necesidad de saber diseño.

Figura 7.4 Principales herramientas útiles.

Herramienta	Características principales
Canva (www.canva.com)	Permite crear currículos con plantillas modernas y personalizables
Google Docs	Tiene plantillas de CV, que se pueden editar fácilmente en línea
Microsoft Word	Ofrece modelos de CV prediseñados, que pueden modificarse y guardarse en PDF
Jobseeker/Freepik/Novoresume	Generan CV visuales en pocos pasos
LinkedIn	Además de ser una red profesional, permite crear y exportar su CV en formato digital

7.5 Carta de motivación

Es el escrito que enviaremos junto al currículo. En ella, se expresan actitudes, habilidades, capacidades y motivaciones que destacamos de nuestro currículo. Puede usarse para dar respuesta a una oferta de trabajo o como autocandidatura. Su estructura es sencilla. Incluye los datos de la empresa a la que se dirige y los datos personales del demandante de la oferta. Se cuidará la presentación. Se resaltan los puntos fuertes relacionados con el puesto, se puede incluir alguna referencia y se solicitará entrar en el proceso de selección.

Su objetivo principal es **convencer al empleador de que es el candidato adecuado** y conseguir una entrevista.

Figura 7.5 Estructura de una carta de motivación.

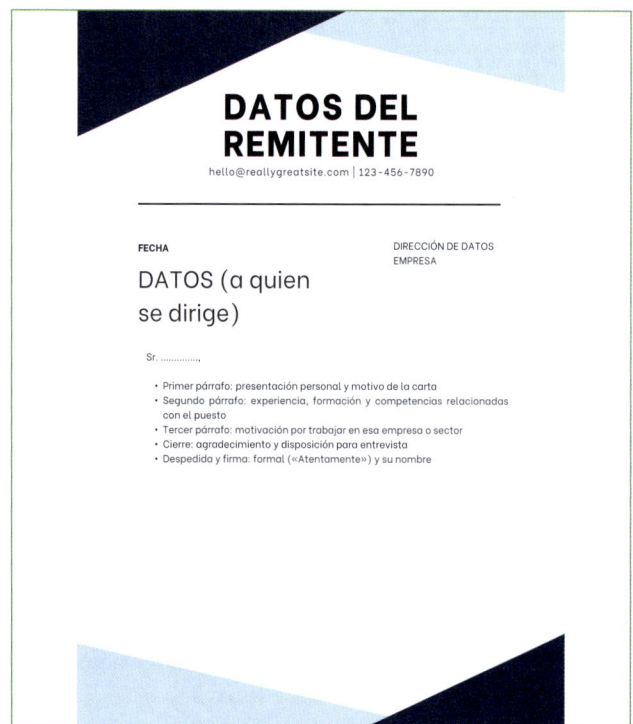

PARA SABER MÁS

Puede entrar en orientacion-laboral.infojobs.net/modelo-carta-de-presentacion-cv-ejemplo. Aquí encontrará plantillas para poder realizar su carta de presentación.

Consejos para redactarla

- Máximo de **una página**
- Párrafos **breves y claros**
- Evitar errores ortográficos
- Adaptar la carta a cada empresa o puesto
- Ser **sincero** y mostrar interés genuino

EJERCICIO 9

Elabore su propia carta de presentación o autocandidatura, que acompañará a su *curriculum vitae*.

Reto profesional

Cree una marca personal en relación con el sector de actividad de la formación profesional básica que está cursando, siguiendo estos pasos.

Paso 1: identificación de fortalezas y valores. Hacer un listado de sus competencias, intereses y valores.

Paso 2: definición del mensaje, lo que quiere que su marca personal transmita.

Paso 3: difusión de la marca personal, acciones para darse a conocer: currículo y carta de motivación adaptados. Perfil profesional en LinkedIn. Red de contactos. Pequeño portafolio digital (ejemplos de documentos o proyectos realizados en sus prácticas).

Paso 4: prevención de riesgos de un mal uso de la marca personal y de la red de contactos.

Mapa conceptual

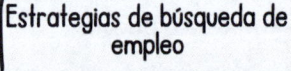

Estrategias de búsqueda de empleo

Se trata de acciones planificadas:
1. Autoevaluación y preparación: análisis FODA personal y CAME
2. Información sobre el mercado laboral
3. Exploración tanto del mercado local como las oportunidades en otras regiones o incluso en Europa (programa Eures)
4. Herramientas y recursos digitales

Análisis y selección de ofertas según el perfil profesional personal

1. Análisis del perfil profesional personal
2. Revisión de ofertas de empleo
3. Selección de ofertas adecuadas

Creación y difusión de la marca personal

La «marca personal» es la huella que dejamos en los demás, cómo nos ven y qué imagen transmitimos en el ámbito personal y profesional

UD.7 ESTRATEGIAS DE ACCESO AL MERCADO DE TRABAJO POR CUENTA AJENA

La búsqueda de empleo es un proceso por el cual una persona quiere encontrar un trabajo que se ajuste a sus habilidades, experiencia y objetivos profesionales

Riesgos de un mal uso de la marca personal y la red de contactos

1. La mala imagen en redes sociales
2. La información falsa o exagerada en el CV
3. El mal uso de los contactos,
4. La falta de privacidad al compartir datos personales

El curriculum vitae

Es el documento donde se refleja nuestro historial académico y profesional, con el objetivo de conseguir un empleo. También cabe la posibilidad de realizar un videocurrículo digital, que se trataría de una grabación en vídeo de dos o tres minutos de duración, en la que el aspirante da a conocer su formación y trayectoria profesional. En este caso, es importante ser natural y breve. Además, debe cuidarse el lenguaje, los gestos y el entorno
Las «redes sociales» son plataformas en línea que permiten crear perfiles personales o profesionales, para conectarse con otras personas, interactuar, compartir contenido y participar en comunidades virtuales

Currículo Europass

El modelo Europass es una herramienta oficial de la Unión Europea que facilita la presentación clara y uniforme de la formación y experiencia de las personas en toda Europa

Carta de motivación

Es el escrito que enviaremos junto al curriculo. En ella, se expresan actitudes, habilidades, capacidades y motivaciones que destacamos de nuestro currículo

- La búsqueda de empleo es un camino organizado, que sigue una persona para encontrar un puesto de trabajo.

- Los pasos que seguir serían el autoconocimiento; la información sobre el mercado laboral; la exploración, tanto del mercado local como de las oportunidades en otras regiones, o incluso en Europa (programa Eures), y la utilización de herramientas y recursos digitales.

- Para localizar las ofertas, deberemos utilizar canales de búsqueda, tales como red de contactos personales, autocandidatura, portales web de empleo, SEPE, agencias de colocación y ETT, cámaras de comercio, centros de formación y prácticas de FP.

- Las herramientas y recursos digitales más utilizados serán las páginas web de empleo, las redes sociales profesionales o las apps móviles.

- El trabajo, en Europa, puede ofrecer oportunidades y beneficios, pero requiere del cumplimiento de una serie de requisitos y de adaptarse a culturas y sistemas laborales diferentes.

- El proceso de buscar empleo no consiste solo en enviar currículos a todas las ofertas disponibles, sino de analizar y seleccionar aquellas que encajan mejor con nuestras características, competencias e intereses. Para ello, seguiremos estos pasos: un análisis del perfil profesional personal, la revisión de ofertas de empleo y la selección de ofertas adecuadas.

- La marca personal es la huella que dejamos en los demás, cómo nos ven y qué imagen transmitimos en el ámbito personal y profesional. Los riesgos de un mal uso serán como consecuencia de la mala imagen en redes sociales, una información falsa o exagerada en el CV, un mal uso de los contactos y la falta de privacidad al compartir datos personales.

- El curriculum vitae es el documento donde se refleja nuestro historial académico y profesional, con el objetivo de conseguir un empleo. Cabe la posibilidad de realizar un videocurrículo digital, que se trataría de una grabación en vídeo de dos o tres minutos de duración, en la que el aspirante da a conocer su formación y trayectoria profesional.

- Las redes sociales son plataformas en línea que permiten crear perfiles personales o profesionales para conectar con otras personas, interactuar, compartir contenido y participar en comunidades virtuales.

- El modelo Europass es una herramienta oficial de la Unión Europea que facilita la presentación clara y uniforme de la formación y experiencia de las personas en toda Europa.

- La carta de motivación es el escrito que enviaremos junto al currículo. En ella, se expresan actitudes, habilidades, capacidades y motivaciones que destacamos de nuestro currículo.

TEST DE EVALUACIÓN

1. La «búsqueda de empleo»:

a) Es un camino organizado que sigue una persona para encontrar un puesto de trabajo.

b) Solo consiste en enviar currículos.

c) Son acciones no planificadas.

d) Todas son correctas.

2. Los «sectores de actividad»:

a) Son una herramienta complementaria.

b) Se establece una clasificación de la economía en función del tipo de proceso productivo que lo caracteriza.

c) Es una técnica de planificación estratégica aplicada y empleada en el contexto profesional.

d) Todas son correctas.

3. La «red de contactos»:

a) Se trata de una herramienta para el crecimiento profesional y el éxito laboral.

b) Nos sirve para desarrollar nuestra marca personal.

c) Es lo que se denomina *networking*.

d) Todas son correctas.

4. La «marca personal»:

a) Es la huella que dejamos en los demás, en el ámbito personal y profesional.

b) No es necesario cuidar la imagen profesional, solo la personal.

c) Solo se utiliza para su difusión en las redes sociales.

d) Todas las anteriores.

5. Son riesgos de un mal uso de la marca personal y de la red de contactos:

a) La información veraz en el currículo.

b) La mala imagen en redes sociales.

c) La privacidad al compartir datos personales.

d) Todas son correctas.

6. El *curriculum vitae* es:

a) El documento donde se refleja nuestro historial académico y profesional, con el objetivo de conseguir un empleo.

b) Un documento que dispone de un único modelo.

c) No puede utilizar plantillas para generarlo, como canva.com.

d) Ninguna es correcta.

7. Un «videocurrículo digital» es:

a) Un proceso de apoyo, que permite posicionarse de forma efectiva en el campo profesional y destacar entre la competencia.

b) Una grabación en vídeo de dos o tres minutos de duración, en la que el aspirante da a conocer su formación y trayectoria profesional.

c) Un programa para facilitar la integración del nuevo empleado a la empresa.

d) Todas son correctas.

8. La «carta de motivación»:

a) No es necesario cuidar la presentación.

b) Solo puede usarse como autocandidatura.

c) En ella, se expresan actitudes, habilidades, capacidades y motivaciones que destacamos de nuestro currículo.

d) Todas son correctas.

9. Las «redes sociales» son:

a) Una técnica de venta al por mayor, que implica la apertura de una tienda temporal en una ubicación específica durante un periodo de tiempo limitado.

b) Plataformas en línea, que permiten crear perfiles personales o profesionales.

c) No sirven para conectarse con otras personas, interactuar, compartir contenido y participar en comunidades virtuales.

d) Todas las anteriores.

10. La «inteligencia emocional» es:

a) Un conjunto de destrezas, actitudes, habilidades y competencias, que determinan la conducta de un individuo en reconocer y comprender las emociones, tanto de sí mismo como en los demás.

b) Un conjunto de destrezas, actitudes, habilidades y competencias, que no determinan la conducta de un individuo en reconocer y comprender las emociones tanto de sí mismo como en los demás.

c) Un conjunto de destrezas, actitudes, habilidades y competencias, que determinan la conducta de un individuo en no reconocer y comprender las emociones, tanto de sí mismo como en los demás.

d) Ninguna de las anteriores.

ACTIVIDADES

ACTIVIDAD 1

Establezca una definición de su marca personal atendiendo al ciclo que estudia y determinando un objetivo concreto.

ACTIVIDAD 2

Analice la siguiente carta de motivación y establezca los posibles errores que encuentre.

ACTIVIDAD 3

Después de realizar la actividad 2, elabore correctamente la carta de motivación.

ACTIVIDAD 4

Ante el siguiente *curriculum vitae*, determine los errores y explique por qué están mal.

CARTA DE LA MOTIVACIÓN

A quien corresponda:

Me llamo Juan y estoy buscando trabajo, porque necesito dinero y ya he hecho prácticas en un taller y me gustaría que me dieran una oportunidad. No sé muy bien qué poner en esta carta, pero creo que soy bueno en lo que hago y aprendo rápido

En el instituto, los profesores dicen que soy simpático y trabajador aunque, a veces, llego tarde porque el autobús pasa cuando quiere. En el taller, me mandaban hacer cosas y las hacía aunque, a veces, me aburría si eran tareas repetitivas.

No tengo experiencia con coches eléctricos, pero seguro que, si me lo explican, lo hago bien

Espero que me llamen pronto, porque necesito trabajar y poder pagarme el carné de conducir

Sin más, un saludo

Juan Pérez

juanperez123@gmail.com

600 123 456

Juan Pérez

MECÁNICO

EXPERIENCIA

EMPRESA DE MECÁNICO

- He trabajado un poco en el taller de mi tío ayudando a limpiar y, a veces, cambiando ruedas
- También he hecho prácticas, pero no me acuerdo del nombre del sitio

FORMACIÓN ACADÉMICA

TITULACIÓN OFICIAL

- He estudiado en el instituto
- FP de coches

SOBRE MÍ

- Trabajar en grupo, más o menos
- No me gusta madrugar
- Soy simpático
- Manejo herramientas

CONTACTO

- 911-234-567
- hola@unsitiogenial.es
- www.unsitiogenial.es
- Calle cualquiera, 123 Cualquier lugar. CP: 12345

HERRAMIENTAS

- Tengo carné de bicicleta
- Me gustaría ganar dinero y tener un buen horario
- No tengo coche

IDIOMAS

- Español
- Un poco de inglés, pero no mucho